세계
배낭여행자들의
안식처
빠이

세계 배낭여행자들의 안식처
빠이

초 판 2쇄 발행 2012년 12월 15일 | 개정판 1쇄 발행 2015년 1월 25일
지은이 노동효 | 이메일 newcross@paran.com
펴낸이 김명숙 | 펴낸곳 나무발전소 | 디자인 이명재
등 록 2009년 5월 8일(제313-2009-98호) | 주 소 서울시 마포구 합정동 358-3 서정빌딩 7층
이메일 tpowerstation@hanmail.net | 전 화 02)333-1962 | 팩 스 02)333-1961
ISBN 979-11-951640-8-0 13980

국립중앙도서관 출판예정도서목록(CIP)

> 빠이 : 세계 배낭여행자들의 안식처 / 지은이 : 노동효. --
> 서울 : 나무발전소, 2015
> 336 p. ; 14×21cm
>
> 표제관련정보 : [Pai] : 태국에서 가장 아름다운 마을
> ISBN 979-11-951640-8-0 13980 : ₩13,800
>
> 여행기[旅行記] 태국(국명)[泰國]
>
> 816.7-KDC6
> 895.785-DDC23   CIP제어번호 : 2015000435

* 책값은 뒤표지에 있습니다.

세계 배낭여행자들의 안식처 빠이

[PAI] : 태국에서 가장 아름다운 마을

노동효 지음

나무 발전소

개정판을 내면서

태국인들 스스로 자국에서 가장 아름답다고 말하는 마을, 빠이에 대한 책 〈세계배낭여행자들의 안식처 빠이〉을 쓰고 출판했던 게 2012년 말. 그 후 이 책으로 인해 나는 여러 방송 프로그램에 출연해 빠이를 소개하곤 했다.

KBS의 〈책 읽는 밤〉과 〈우리는 한국인입니다〉, MBC의 〈세계도시여행〉, TBS 〈주말이 좋다〉, 국악방송 〈행복한 문학〉… 입으로 떠들기만 한 게 아니라 각종 신문과 잡지에 빠이를 소개하는 칼럼을 청탁받아 써댔다. 한국인이 주로 여행하는 방콕, 푸켓, 치앙마이와 달리 널리 알려지지 않은 빠이를 소개하면서 신이 나기도 했다. 그러나 너무 많은 매체를 통해 떠들다 보니 슬며시 걱정이 되었다.

혹시 나로 인해 빠이의 순수하고 아름다운 모습이 퇴색되지 않을까, 하는 불안감. 영국의 런던, 캐나다의 몬트리올, 체코의 프라하처럼 널리 알려진 도시가 아닌, 은둔하는 절경이나 사람들에게 낯선 마을에 대한 글을 쓸 때면 늘 그런 불안감과 함께 질문이 찾아왔

다. "내가 사랑하는 장소는 나만의 것으로 남겨두는 게 나을까, 아니면 함께 나누는 게 옳은 것일까?" 빠이를 사랑했던 만큼, 그 불안감이 더 심했으리라.

지난 3년간 빠이 현지의 친구들의 페이스북을 통해 실시간으로 빠이의 변화를 전해 듣곤 했다. 누군가는 워킹 스트리트의 헌책방, 〈씨암북스〉에서 내 책을 발견했다며 알려주기도 했으며, 지인을 통해 〈씨암북스〉에 책을 두고 온 한국인이 누구인지 알게 되기도 했다. 〈PM Spirit〉의 보이는 내가 빠이를 떠나며 주고 온 기타를 치고 있었고, 〈3R' Store〉의 누이스는 "오늘도 네 책을 들고 한국인들이 우리 가게에 놀러왔어!"라며 메시지를 보내곤 했다.

빠이를 떠난 후 한 해가 가고, 또 한 해가 가면서 늘 궁금했다. 과연 빠이는 어떻게 변할까? 인터뷰 중 DJ나 아나운서가 "너무 많은 사람들이 빠이를 찾으면 빠이도 변하지 않을까요?"라고 물어보면 "예전에도 빠이엔 위기가 있었고, 개발과 급격한 변화로 인한 위험은 늘 도사리고 있지만, 난 빠이 현지인들이 가진 힘을 믿습니다."라고 대답하곤 했다. 한때 치앙마이에서 빠이까지 762개 굽이를 직선으로 관통하는 터널과 고속도로를 뚫으려는 토건업자들이 있었다. 그들은 고속도로가 개통되면 땅값이 오르고 현대기술문명의 혜택을 맘껏 누리게 될 것이라고 주장했다. 그러나 빠이 현지인들은 부와 과도한 기술문명을 거부했다. '인간의 편의를 위해 자연을 훼

손하고 생명을 죽일 수는 없다'며. 태국의 국왕도 빠이 사람들에게 힘을 보탰고, 결국 토건업자들의 목소리는 묻혔다.

　개정판을 준비하며, 친구들에게 '빠이의 변화'에 대해서 물었다. 친구들은 빠이는 여전히 아름답고, 다만 '연말 연초의 여행자들이 예전보다 많이 불어난 정도'라고 전해주었다. 안심이 되었다. 그동안 빠이를 방문한 여행자들의 요구사항이었던 빠이 숙소 정보와 상세지도, 그리고 빠이로 가는 방법 등등 능숙한 여행자들이라면 스스로 쉽게 찾아내는 정보지만, 또 어떤 이들에겐 필요했을지도 모를 정보들을 추가해서 새 책을 엮는다. 이번에도 현지에 사는 친구들이 많은 도움을 주었다.

　곧 아시아를 떠나 중남미 장기체류여행을 떠난다. 2~3년 후에나 아시아로 귀환할 예정이니 빠이와의 만남도 그 후가 되겠지. 그때도 빠이를 만나 이렇게 말할 수 있었으면 좋겠다. 세월이 흘렀지만 여전히 곱고 아름답구나!

2015년 1월

이봐요, 바로 지금
P와 A와 I 가 들어가는 단어들로
당신이 만들어낼 수 있는
가장 아름다운 마을을 상상해 보실래요? 가령,

PASSION 열정과
ART 예술과
IMAGINE 상상으로
  PAI란 마을을 만들 수도 있고,

PURE 순수와
ADVENTURE 모험과
ILLUSION 환상으로
  PAI란 마을을 만들 수도 있고,

PHILOSOPHY 철학과
ANARCHISM 무정부주의와
ISLAND 섬으로
  PAI란 마을을 만들 수도 있고,

그외에도 수많은 P 와 A와 I로 시작되는 단어들로
당신만의 PAI를 만들어낼 수 있겠죠.

지금 당신이 P와 A와 I가 들어가는 단어들로
상상해 낸 가장 아름다운 마을,
그곳이 PAI일는지도 모릅니다.

빠이에 다녀간 사람들은 PAI를
토머스 모어의 유토피아 Utopia 에서
I와 A의 순서를 바꿔 유토빠이 Utopai 라고 부르지요.

어떤 곳인지 직접 확인해 보고 싶지 않으세요?

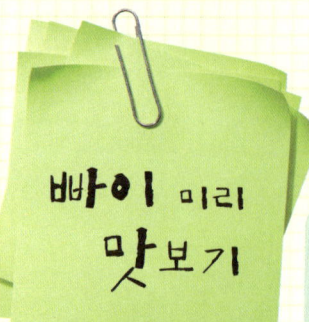

※ 스마트폰에서 QR코드 어플리케이션을 다운받고
QR코드를 스캔 해 주세요.
빠이의 이모저모를 감상하실 수 있습니다.

〈에디블 재즈〉의 오픈 마이크 실황

시와 음악과 맛있는 차가 있는 〈아트 인 차이〉

빠이의 이색적인 퍼포먼스가 있는 밤

블라블라 바의 친구들

빠이에서 래프팅과 숲속에서의 하룻밤

빠이 캐년을 따라 어디까지 가 봤니?

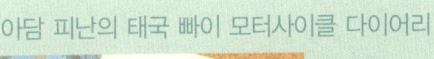

빠이의 명소들을 찾아서

아담 피난의 태국 빠이 모터사이클 다이어리

배낭여행자의 루트, 치앙마이에서 빠이까지

15

사무엘과 오드리의 태국 빠이 가이드

맥킨지의 태국 빠이 가이드

워킹스트리트의 길거리 음식과 가게들

몬티스 리조트

푸이 빠이 빌라

빠이 아일랜드 리조트

Medio de Pai Hotel

탄젯톤 빠이 호텔

실바나 빠이 호텔

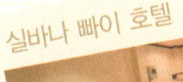

Contents

* 빠이 미리 맛보기 » 14

오래된 홍대 앞 » 21
고백 » 32
여행 준비 » 39
빠이에 도착하면 » 42
빠이 이벤트 플래너 » 47
빠이라는 정원, 집이라는 화분 » 50
3R » 54
PAI in LOVE » 61
Always & Forever » 65
나의 전속 이발사 » 66
빠이에선 » 68
팬케이크와 버섯꼬치 » 71
슬로 라이프 인 빠이 » 72
아저씨 » 77
한국인 » 80
KEEP GOING ON » 84
청춘의 열정 1 » 88
SHOW MUST GO ON » 91
사랑해. 사랑해…. 사랑해! » 96
청춘의 열정 2 » 98
위시 리스트 » 100
북촌방향 » 102

아 유 굿 » 104
장기 체류 후 이동 » 108
발인 » 112
인도차이나의 비 » 116
무정형(無定形)의 구름처럼 » 119
장래 희망 » 123
길은 그것이다 » 129
빠이에 오기 전 1 » 135
빠이에 오기 전 2 » 138
고산족 트레킹 » 143
아이 돈 해브 타임 » 146
히피들의 이상향 » 149
길의 중력 » 152
장기 체류 여행자 » 154
우리들은 지금 빠이로 간다 » 163

Interview » 166

바나나하우스 » 254
유토빠이 » 262
나의 취향 » 271
아무리 많은 곳을 여행하더라도 » 272
경계 » 277
인간의 집은 주소가 아니다 » 279
지구 종말의 날 » 286
출생신고서 » 290
꿈꾸는 지구 » 292
여행의 이로움 » 295
풍경의 노래를 들어라 » 297
우주에서 바라본 지구 » 301
천년 동안 놀 수 있는 힘 » 305
먼 훗날 » 308

✻ 여행자를 위한 빠이 안내서 » 313
✻ 빠이 낭만 숙소 지도 » 323
✻ 빠이 낭만 숙소 25 » 326

오래된 홍대 앞

도 시 와 시 골.

인간이 사는 곳은 그렇게 딱 둘로 분리된다, 라고
나는 줄곧 생각해 왔습니다.
이곳 빠이에 오기 전까지는.

우리에게 도시는 무엇일까요?

왕복 8차선의 대로, 신호등 앞에 늘어선 차량들,
높은 빌딩들의 행렬, 그 사이로 지나가는 고가도로,
초고층 아파트 단지, 새벽까지 깜박이는 네온사인들,
대형마트, 카트를 앞세우고 계산대 앞에 줄지어 선 사람들,
출근길의 교통지옥, 점심시간마다 밥을 먹기 위한 줄 서기,
매일 저녁 러시아워를 통과한 뒤 TV를 끌어안고 잠만 자는 집,
그것이 내가 생각하는 도시였습니다.

그리고 우리에게 시골은 무엇일까요?
맴맴맴 매미 우는 소리와 풀벌레 소리들,
졸졸졸 흐르는 개울, 하늘 위로 흘러가는 구름,
아스팔트 위에서 태어나고 자란 아스팔트 킨트들에겐
별다른 놀이 거리도 없고 마냥 조용하기만 한 곳,
그것이 내가 생각하는 시골이었습니다.

푸른 스물에는 더 크고 화려한 도시를 찾아
길을 떠나곤 했습니다. 그러나 언젠가부터
복잡한 도시보단 한적한 시골을 좋아하게 되었지요.
'신나는 지옥'보다는 '심심한 천국'이
더 좋아지는 나이가 되어가는 것일까요?
아무튼 나의 지구는 도시와 시골로 나뉘어 있었습니다.

그러나 빠이에서 시간을 보내며
도시와 시골이 물과 기름처럼 분리되는 것이 아니라
밥과 나물이 잘 섞인 비빔밥처럼
도시와 시골이 조화롭게 융합될 수 있다는 희망이 생겼습니다.

당신에게 빠이란 무엇인가요?
누군가가 내게 물어본다면 이렇게 대답할 것입니다.
빠이는 우리들이 찾으려다 놓쳐버린 어떤 것,
혹은 우리들이 만들려다 잃어버린 어떤 것이라고.

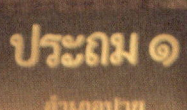

<오래된 미래>를 쓴 헬레나 노르베리 호지의 표현을 빌리자면 나의 빠이는 '오래된 홍대 앞'이었습니다. 홍대 앞 문화가 21세기에 들어서면서 차츰 거대자본에 종속되고 상업성에 물들기 전 '오래된 홍대 앞'의 순수, 열정, 예술, 음악, 유랑의 정서가 태국 빠이라는 산골마을에 고스란히 남아 있으니까요.

물론 빠이는 홍대 앞처럼 이름난 대학가도 아니고 거대한 코스모폴리탄의 중심에 있는 번화가도 아닙니다.

태국 북부의 최대도시로 알려진 치앙마이에서
북서쪽으로 140킬로미터 떨어진 지점.
강원도의 미시령마냥 굽이치는 고갯길을 762개나 돌아
비로소 내려서게 되는 산과 계곡으로 둘러싸인 작은 마을.
인구 3,000명의 현지인과 히피의 후예들이 어울려 지내는.

빠이는
강원도 첩첩산중에 은둔하고 있는 '오래된 홍대 앞' 같은
참으로 이상한, 그러나 너무도 작은 마을이었습니다.
번잡한 도시가 싫어서 산골로 모여든 예술가들
직접 그리고 만든 예쁜 옷과 장신구와 장난감들

바쁜 업무와 직장상사의 잔소리에 이리저리 치여
직장을 그만둔 사람들이 새롭게 삶을 시작하는 마을.

비록 도시의 빠른 속도를 따라가지는 못했지만
잃어버리지 않은 감수성으로 꽃과 별을 이야기하는 마을
그들이 끓여주는 맛있는 커피를 마시며 질문을 던집니다.
'오래된 홍대 앞' 이 어떻게 산골 한가운데로 들어왔을까?

지난 10년간 빠이는
인터넷과 여행안내서를 통해
차츰차츰 여행자들 사이에서 알려지기 시작했습니다.
그러나 빠이는 단순한 관광지나 여행지가 아니라
우리가 현재 살아가고 있는 도시와 시골을 구분하는
단편적이고 이분법적인 사고에서 벗어나
새로운 삶의 터전을 꿈꿀 수 있는, 어떤 지점이었습니다.

빠이의 골목 귀퉁이 커피숍 앞에서 도로 표지판을 발견했습니다.
구부러진 화살표가 속삭입니다.
당신이 지금껏 무작정 뒤쫓아온 삶의 가치, 목표, 속도로부터

U-TURN HEART!

고백

해외여행, 그게 허니문 같은 것 아닌가요?

그래요. 20세기 말 여행자율화 이후 매년 해외여행을 떠나는 배낭족들이 늘어나긴 했지만, 여전히 한국사람들에게 해외여행은 결혼식 올리고 한번 가보는 그런 것입니다. '그래, 신혼여행은 어디로 가기로 했니?', '이참에 푸켓이나 한번 갔다 오려고', '잘 갔다 와.' 그렇게 전세계의 허니문 관광지로 떠나고, 체류기간은 평균 3박 4일에서 4박 5일 정도.

아무튼 결혼제도가 생긴 이후(정확한 연도를 찾아내려 했지만 도무지 알아낼 수가 없었습니다. 혹자는 '아담과 이브'가 에덴동산에서 홀라당 벗고 놀다가 쫓겨나던 시점이라고 했고, 혹자는 아프리카에서 살던 어느 '호모 사피엔스'가 다른 '호모 사피엔스'의 두개골을 도구로 내려친 뒤 이성을 차지했을 때라고 했는데 둘 다 정확한 연도를 알아낼 수 있는 인물(?)이 아니잖아요.) 수많은 부부들이 인류사에 차곡차곡 쌓여왔지만 대부분의 인간은 신혼여행을 딱 한번, 가지요.

물론 주변에는 두세 번이나 갔다 온 친구도 있고 선배도 있을 겁니다. 사실 결혼을 두세 번쯤 하게 되면 친지, 친구들을 예식장에 부르기도 영 쑥쓰러운 일이죠. 그럼에도 불구하고 부르고, 부르니까 또 가기도 합니다. 예식장에 간 사람들은 되도록 말을 삼가고, 말줄임표를 삼키고 나서야 겸연쩍게 물어봅니다. '(이번에는) 어디로 가기로 했니?' 그럼, 상대방도 말줄임표를 삼키고 나서 쑥스럽게 대답합니다. '(이번에는) 그냥 집에서 좀 쉬기로 했어.' 주로 입으로만 떠나거나 떠나더라도 정말 가까운 곳으로 잠시 떠났다가 조용히 돌아옵니다.

신혼여행을 자주 갔다는 전력이 결코 자랑이 될 수 없는 세상이니까요. 그러나 그럼에도 불구하고 욕 먹을 각오로 제 전력을 여기서 밝히기로 합니다. 그동안 신혼여행을 여섯 번이나 떠나야 할 사정이 생겼고, 그래서 신혼여행만 이미 여섯 번을 다녀오고 말았다고.

첫 번째 아내였던 그이와는 네팔로 신혼여행을 갔습니다. 히말라야 트레킹 코스를 따라 보름간을 보냈지요. 그리고 두 번째 아내와 갔던 신혼여행지는 제주도였고 한 달을 함께 보냈습니다. 세 번째 아내와는 동해안 7번 국도를 따라 일주일가량 간단하게 신혼여행을 다녀왔지요. 네 번째 아내와도 국내여행을 떠났는데, 그때는 서해안을 따라 오토캠핑장과 템플스테이를 하며 일주일가량을 다녔습니다. 다섯 번째 아내와의 신혼여행지는 태국 안다만 해에 위치한 크라비의 아오낭 비치였는데, 열흘간을 함께 보냈죠. 그리고 가장 최근 신혼여행을 떠났던 여섯 번째 아내와는 캄보디아에서 앙코르 와트 일주일 입장권을 끊고 보름간의 신혼여행을 다녀왔습니다.

그리고 살다 보니 일곱 번째 신혼여행을 갈 수밖에 없는 사정(?!)이 그만, 또 생기고 말았습니다.

그런데 신혼여행만 여섯 번쯤 갔다 오고 나니 예전과 다른 자신감이 생겼습니다. 어느새 커플여행엔 도가 튼 것 같았고, 기왕에 한 번(?) 가는 거 신부가 가장 좋아할 만한 신혼여행 장소를 찾아서 미리 사전답사 여행을 떠나야겠다는 생각도 하게 되었죠. 그래서 이 나라 저 나라 인터넷으로 눈팅도 하고, 때론 배낭 짊어지고 홀로 사전답사 여행도 한 달간 다녔습니다. 그리고 마침내 결정을 내렸지요. 히피들의 마을, 태국의 빠이로 나의 신부를 데리고 오자.

하여, 나의 신부를 데리고 지금 태국 빠이로 왔습니다. 허니문 기간은 정해두지 않았습니다. 별일이 생기지 않는다면 한 계절을 보낼 작정입니다. 그 사이 수많은 추억이 만들어지겠죠.

아참, 고백을 끝내기 전에 한 가지 밝히자면 - 첫 번째 아내와 세 번째 아내는 같은 사람이었습니다. 그리고 두 번째 아내와 다섯 번째 아내 역시 같은 사람이었죠. 게다가 첫 번째 아내와 지금 빠이로 함께 온 신부도 같은 사람. 아, 실은 일곱 명의 신부는 단 한 사람입니다.

당신은 알고 계십니까? 한(一) 길이 천(千)의 길로 뻗고, 천 길이 곧 하나의 길로 모이듯, 한 여자 속에 천의 여자가 들어 있고, 천의 여자가 곧 하나의 여자로 모인다는 것을.

하여 나는 그이와 천 번의 신혼여행을 떠날 생각입니다.

한 여자 속에 천의 여자가 들어 있고,
천의 여자가 곧 하나의 여자로 모인다는 것을
하여 나는 앞으로도 그이와 천 번의
신혼여행을 떠날 생각입니다.

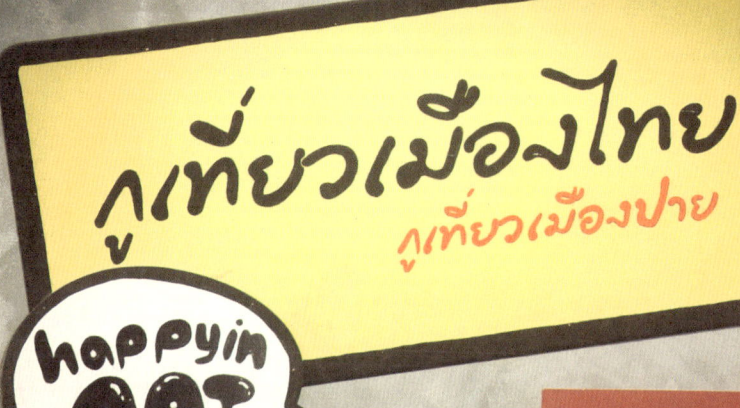

facebook.com/shabamapai
shabamapai.exteen.com

PAI
58130

여행 준비

여행을 떠나기 전 사람들은
이것저것 준비해요.

여행안내서
비행기 티켓
숙박 예약, 교통편 예약
배낭에 넣을 짐
스마트폰에 저장할 음악과 전자책 등등.

그러나 여행을 떠나기 전
가장 먼저 준비해야 할 것은 시간이지요.
우리들이 숙박업소, 교통편, 레스토랑 등등
여행을 떠나기도 전에 수많은 것들을 준비하는 까닭은
시간이 충분하지 않기 때문이니까요.

그래서 직접 부딪혀 정보를 얻고 여행을 하기보다는
타인들의 경험을 종합해서 얻은 정보를 무작정 따라가게 되죠.

충분한 시간을 준비하세요.
일주일보다는 한 달이 좋고,
한 달보다는 한 계절이 좋고,
한 계절보다는 사계절이 좋지요.

비 내리는 장마철 서울을 다녀간 외국인 여행자는
물이 튀는 도로와 젖은 옷을 서울이라고 기억한대요.
얼음 꽁꽁 얼어붙은 한겨울 서울을 다녀간 외국인 여행자는
숨을 내뱉을 때마다 나오는 입김이 서울이라고 기억한대요.
그들은 모르죠, 꽃 피는 봄날의 한국이 얼마나 아름다운지.
그들은 모르죠, 단풍 물드는 가을의 한국이 얼마나 아름다운지.

이따금 길 위에서 만난 여행자들은 내게 묻곤 해요.
한국에도 여름이 있었니? 한국에도 스키장이 있다니!
한국에도 낙엽이 지니? 한국에도, 한국에도, 한국에도….

당신이 지금껏 다녀온 도시나 나라들도 그랬는지 몰라요.
남극이나 북극에도 계절이 있는데 하물며 다른 장소들이야.

진정 그곳을 만나고 싶다면 시간을 준비하세요.
일주일보다는 한 달이 좋고,
한 달보다는 한 계절이 좋고,
한 계절보다는 사계절이 좋아요.

빠이에 도착하면

당신이 시외버스를 타고 오든,
봉고 같은 미니밴을 타고 오든
빠이에 도착해서 처음 발 내딛는 곳은
빠이 버스터미널이거나 아야 서비스 앞이 될 것입니다.
실은 말이 좋아서 버스터미널이지
그저 조금 너른 공터라고 하는 게 더 정확하지요.
아야 서비스도 버스터미널에서 100미터밖에 떨어져 있지 않아요.
빠이는 정말 아주 작은 마을이거든요.
여기서 반경 1~2킬로미터 내외가 빠이 중심가랍니다.

당신이 가장 먼저 해야 할 일은
빠이 버스터미널과 아야 서비스로 이어지는 길가
씨암북스라는 서점의 주인 존 John 에게
〈빠이 이벤트 플래너 Pai Events Planner〉가 있는지 묻는 것.
그 달에 빠이에서 열리는 이벤트를 비롯한 카페, 레스토랑,
벼룩시장, 요가학원 등등을 소개하는 영문 월간지입니다.
A4 용지에 프린트한 15~16페이지의 소박한 소식지이지만
먹을거리, 볼거리, 놀 거리, 배울 거리, 사고팔 거리 등등
빠이에서의 삶을 총망라하는 다양한 팁이 가득 담겨 있지요.
소식지의 가격은 감사의 말 한마디와 함께 미소.

다음은 아야 서비스로 가서
빠이의 길과 숙박업소 위치가 상세하게 그려져 있는
무료 빠이 지도를 구하세요.

아야 서비스는 주변 도시와 라오스, 베트남, 캄보디아 등등
주변국을 넘나드는 미니밴 서비스도 운영하고,
110cc 소형 오토바이부터 대형 스쿠터까지
다양한 탈것들을 저렴한 가격(24시간에 3,000~6,000원)에
빌려 준답니다.

자, 이젠 무거운 배낭을 들고 다닐 필요 없이 아야 서비스에 짐을 맡겨두고 숙소를 찾아서, 부릉 부릉 부릉!
(자전거만 탈 줄 안다면 스쿠터를 타는 건 식은 죽 먹기랍니다. 물론 기어 변속을 하며 달리고 싶다면 일렉트릭 오토 스타터가 달린 소형 오토바이를 추천합니다.)

빠이 이벤트 플래너

PEP은 〈빠이 이벤트 플래너 Pai Events Planner〉의 약자.
빠이에 온 여행자들을 위한 빠이 안내지도와 함께
매달 빠이에서 열리는 다양한 소식을 전하는 월간지랍니다.

첫 페이지는 늘 한 장의 커버 그림과 함께
THIS MONTH'S COVER DESIGN BY LOCAL ARTIST, 그리고 마을
사람 누군가의 이름이 쓰여 있죠.

매달 커버 그림을 그리는 사람이 바뀐답니다.
어떤 달은 '몽키 매직 타투숍'의 주인장 포우가,
어떤 달은 '올머스트 페이머스 바'의 주인장 다오가….
PEP과 빠이 공동체를 지원하는 모든 스폰서들이
매달 번갈아 가면서 커버 그림을 그려요.
술집 주인이든, 요리사든, 문신 기술자든
모두가 빠이에선 로컬 아티스트가 되지요.

뉴스와 이벤트.
모기를 조심하라거나 저녁엔 따뜻한 옷을 입으라는 엄마 같은 당부,
고산족들을 위해 자신이 입지 않는 옷과 담요는 버리지 말고 빠이

쿠커리 스쿨을 통해 나눠줄 수 있다는 기부 안내문도 실리죠.
빠이에선 농사도 여행자들과 어울리는 지역 이벤트가 되네요.
농장을 찾아가 논에서 벼를 심고, 베는 법을 농부들로부터 배우고
소수 부족의 전통민요를 듣고 함께 부르는 사이, 저녁이 지나갑니다.

매달 16일 '블라 블라 바'에서 벼룩시장이 열립니다.
팔고 싶은 건 뭐든지 갖고 가서 팔아요. 하루 종일 스낵은 공짜!
수요일 '비밥'에선 오후 9시부터 자정까지 오픈 마이크랍니다.
당신도 무대에 설 수 있어요. 노래든, 연주든, 만담이든, 시 낭송이든
"신자유주의를 거부하며 이 노래를 존 레논에게 바칩니다…. 러브 이
즈 터치!"
목요일엔 '자궁명상센터'에서 여는 쿤달리니 명상에 참석해 보세요.
오후 6시부터 7시 반까지, 가볍고 시원한 차림이 좋겠죠?
일요일 '에디블 재즈'에선 오후 8시부터 오픈 마이크 잼이 시작됩니
다. 기타 혹은 피아노, 혹은 당신의 악기로 첫 해외공연을 이곳에서
시작해 보세요.

빠 이 는 작 지 만 갈 곳 은 정 말 많 답 니 다 .

〈빠이 이벤트 플래너〉는 다음 문장과 함께 끝납니다.

Thanks to PAI Community, all sponsors have supported
the production of PEP.
(빠이 이벤트 플래너 제작에 도움을 주신 모든 후원자들, 빠이 공동체에 감
사드립니다.)

빠이라는 정원, 집이라는 화분

아침 저녁으로 마을 주변을 돌아다니다 보면
어느 것 하나 똑같이 생긴 건물이 없을 정도로
각각의 집들이 독특하고 묘한 분위기를 냅니다.

빠이 강을 따라, 산자락을 따라
크고 화려하고 세련되어 보이진 않아도
작고 아담한 집과 방갈로가 참 앙증맞고 귀여워요.

빠이 시내는 집들이 변두리보다 밀집되고
차도는 번잡하고 골목길은 비좁지만
감성 풍부하고 부지런한 집주인들 덕분에
숨막히거나 답답하지 않답니다.

담벼락에, 창문가에, 베란다에 꽃이 피어 있으니까요.
물론 정글이나 숲처럼 꽃이 저절로 피는 건 아니랍니다.
그 집의 주인이 꽃을 집 바깥으로 내놓고 가꾸는 거죠.

내 집 안에 나 혼자 보겠다고 가꾸는 꽃이나 나무가 아니라
내 집 담벼락 아래를 지나는 사람들이
내 집 앞 골목길을 오가는 사람들이 보라고
집 바깥에 꽃밭을 가꾸고 화초를 돌봐요.

빠이 시내를 걷다 보면
낮고 단정한 단독주택들마다 가득 핀 꽃들로 인해
빠이가 거대한 유원지 혹은 하나의 정원 같아요.

이 집, 저 집 하나하나가
마치 빠이라는 정원에 꽂혀 있는 화분 같습니다.

3R

3R이란 리듀스Reduce, 리유즈Reuse, 리사이클링Recycling, 즉 폐기물의 감량화Reduce, 재사용-Reuse, 재활용-Recycling을 뜻하는 단어들을 줄인 약자입니다. 자원의 절약과 자연계의 자정 능력 범위 안에서 폐기물을 배출시켜 자연환경에 미치는 악영향을 감소하고 이를 위한 기술발전을 이루도록 하자는 목적으로 만들어진 단어예요.

당신이 빠이에 간다면 일상에서 3R을 지향하는 수많은 노력들을 볼 수 있을 겁니다. 쓰레기를 줄이기 위한 노력과 최대한 자원을 창의적으로 재활용하기 위한 뛰어난 감각. 여기서 진정 놀라운 사실은 그런 노력을 기울이는 사람들이 환경단체 도우미나 자원봉사자가 아니라 평범한 일반 시민들이라는 것이죠. 그들은 그저 빠이에서 살아가는 3,000명의 시민들 중 한 사람일 뿐이지만 그들의 사소한 노력 하나하나가 모여 빠이는 태국에서 가장 아름다운 마을이 될 수 있었습니다.

빠이는 단지 뛰어난 자연관경이나 아름다운 기념품 때문이 아니라 지속가능한 발전을 이루기 위한 철학과 행동이 어우러져 더욱 예쁜 마을입니다.

길거리에서 차를 파는 저 사내는 제가 주문한 생강차를 1회용 플라스틱컵 대신 대나무통에 담고 있습니다. 각 단지마다 다양한 허브차가 보글보글 끓고 있는데 가격은 한잔에 1,000원 정도 해요. 손님들은 쌓여 있는 대나무통에서 자신의 것을 직접 고릅니다. 대나무통마다 사내가 새긴 무늬 - 태국어로 빠이 혹은 영어로 PAI가 쓰여 있어요. 다음날 마시고 난 대나무통을 내밀며 차를 주문하면 300원만 내고도 한잔의 차를 마실 수 있습니다. 즉 1회용 플라스틱컵을 사용하지도 않고, 대나무통을 재활용하는 고객에겐 1/3의 가격으로 차를 제공하는 것이죠.

빠이에서 장기체류하는 여행자들은 저녁이면 작은 가방에 대나무통 하나씩을 넣어 나옵니다. 그리고 매일 300원짜리의 맛있고 저렴한 길거리 허브차를 마시며 시장 구경을 하지요. 물론 빠이를 떠날 때 PAI라고 쓰여 있는 대나무통은 세상에 단 하나밖에 없는 기념품이 됩니다.

어때요, 소박한 아이디어지만 참 예쁘지 않나요?

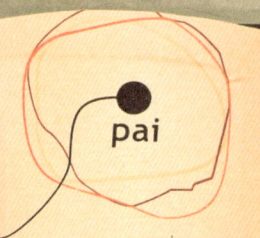

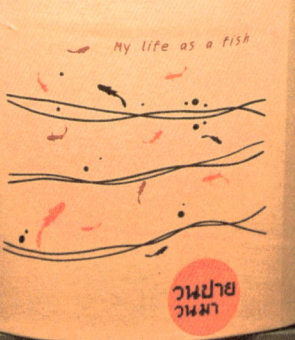

PAI in LOVE

해 저문 후 야시장이 열리는 다운타운으로 내려갔죠.
쓰리알(3R -Recycle, Rethink, Reuse) 숍.
인상적인 문구와 독특한 이미지를 담은 티셔츠와 가방.
아름다운 색채와 강렬한 그림이 눈길을 끌었는데
무엇보다 그 이미지에 스며 있는 철학이 마음에 들었어요.
KEEP PAI GREEN, KEEP PAI CLEAN···.
독창적이고도 상상력 풍부한 작품들.
그 중 티셔츠 하나를 골랐어요.

INDEPENDENT의 **P**
PEACE의 **A**
LIBERTY의 **I**

검정색으로 쓰인 단어들 속에 붉은색으로 강조된 P, A, I.
지구라는 별에서 빠이란 마을이 존재하는 이유를
존재해야 하는 이유를 세 단어로 표현한 티셔츠.

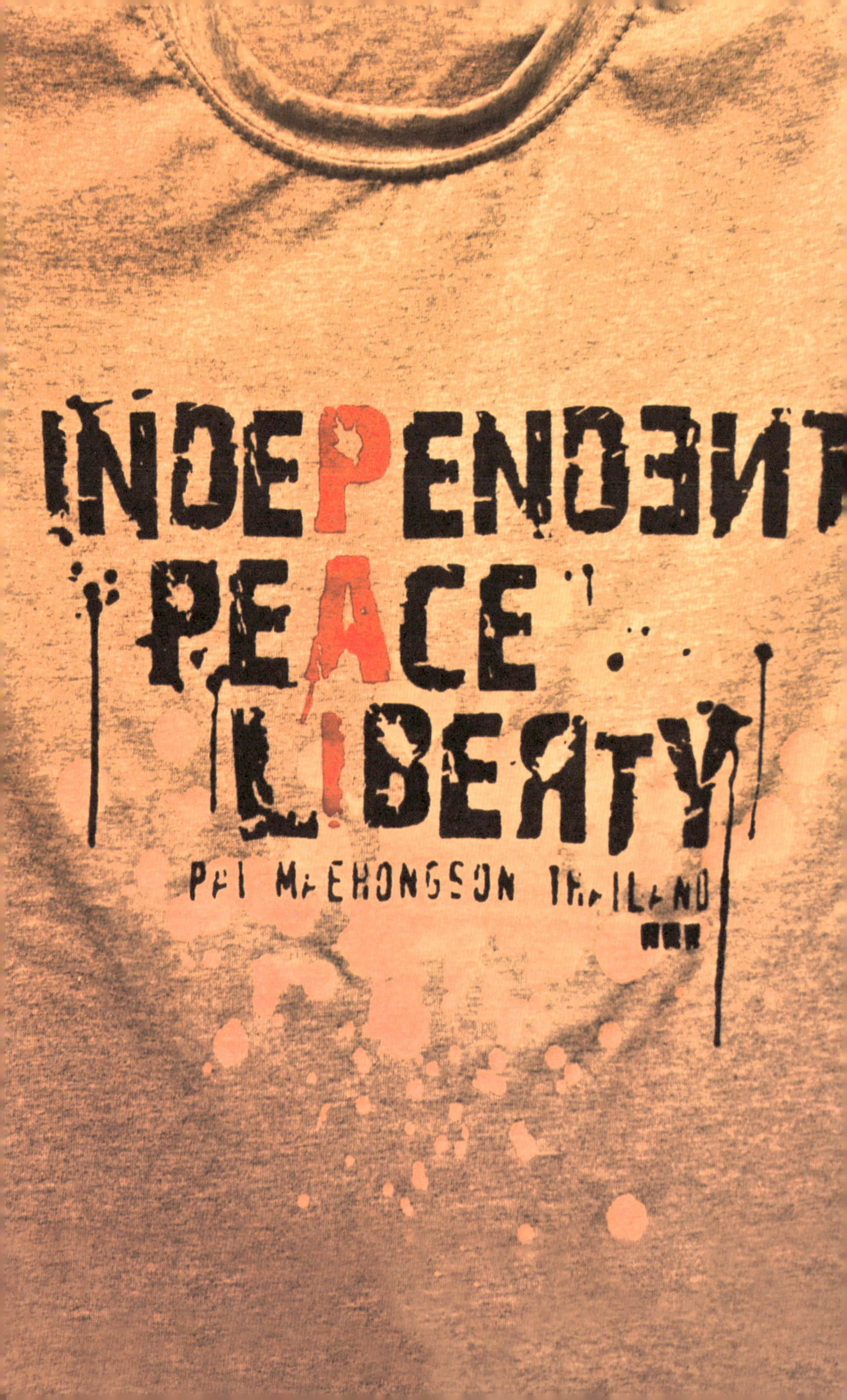

INDEPENDENT
PEACE
LIBERTY

PAI MAEHONGSON THAILAND

거대자본으로부터의 '독립'
인류의 '평화'
그리고 마음의 '자유'.

세 단어는 빠이를 표현하는 데 가장 적절한 단어들이었습니다.
물론 P도, A도, I도 포함하지 않은 단어이기에 빠져 있지만
단어 하나를 더 포함시키자면, 사랑.

그래서 이 마을에서 가장 자주 볼 수 있는 문장은

PAI IN LOVE,
LOVE IN PAI.

Always & Forever

푸른 스물부터 꿈을 꾸었어요.
봄이란 계절을 좇아 지구를 여행하고 싶다는.

태국에서도 고산지대에 자리잡은 빠이는
방콕 사람들이 여름 휴양지로 여기는 서늘한 치앙마이에서
북서쪽으로 140킬로미터쯤 떨어진 마을.
사계절 내내 꽃이 피는 마을.

어느 달에 가더라도 봄을 만날 수 있어요.

3월은 따뜻한 봄날,
6월이면 장마 지난 후 늦봄과 여름 사이
9월이면 겨울 지나 꽃 피려는 쌀쌀한 봄날,
12월이면 꽃샘 추위 지난 후의 차가운 봄을.

항상, 그리고 영원히 꽃피는 빠이는
봄을 좇아가지 않아도 봄이 머무르는 마을이에요.

나의 전속 이발사

〈효자동 이발사〉라는 영화가 있었지요.
오래전 청와대에 살던, '그때 그 사람'의
머리카락을 깎아주던 대통령 전속 이발사의 이야기.

내가 좋아하는 송강호와 문소리가 나오는 영화였는데,
그래서 개봉 첫날 극장에서 봤던 영화였는데,
지금은 결말이 가물가물하군요.

오늘 아내가 내 머리칼을 다듬어줬어요.
여행을 다니던 중 우연히 수중에 들어온 이발가위.
이발가위란 게 생기니 또 사용을 하게 되네요.
숱가위로 서걱서걱 아내가 가위질을 해줬어요.
그런데 아내가 대충대충 깎아주는 헤어스타일이
전문 이발사가 깎아준 것보다 맘에 드는 이유는 뭘까요?

문득 '그때 그 사람'의 '효자동 이발사' 처럼
전속 이발사를 가진 사람이 몇 명이나 될까? 궁금해졌어요.
각국의 대통령, 수상, 왕이나 여왕, 그리고 또 누가 있을까요?

실없게도 문득 그런 게 궁금해진 이유는
아내가 길어진 내 머리카락을 깎을 때마다 꾸벅꾸벅
나도 수면의 왕국 혹은 슬리퍼랜드 Sleepy Land 의
황제가 된 것 같은 기분이 들곤 해서 그래요.

물론 나도 아내를 여왕이 된 것처럼 해주고는 싶은데
지난번 내가 다듬어준 뒤론 다신 깎아달라고 하지 않더군요.
대신 〈아웃 오브 아프리카〉의 한 장면처럼
아내가 머리카락을 깎아준 날엔 아내의 머리를 감겨주지요.

빠이에선

태국 각 도시에 도착한 후
여행자들의 표정을 그린 그림이 있어요.
방콕에서 여행자는 눈살을 찡그리고,
치앙마이에서 여행자는 시무룩해졌다가
빠이에서 여행자는 한가득 미소를 짓고 있어요.

그 그림처럼 빠이는 정말 작은 마을이지만
블랙홀, 아니 스마일홀처럼 여행자들을 빨아들이죠.
해바라기, 길, 계곡, 온천, 숲, 폭포, 협곡, 딸기밭
모든 것들이 원주민과 여행자들과 다 함께 어우러져
아름다움을 뿜어내는 마을에 반하지 않는 사람이 없답니다.

대신 동남아 관광지에서 흔히 볼 수 있는 장면은 볼 수 없어요.
맥주병을 손에 쥔 채 큰 소리로 떠들어대는 취객을 볼 수도 없고
거리의 여자와 손을 잡고서 오가는 늙은 백인을 볼 수도 없고,
인도를 걸으며 아무렇게나 담배를 피우는 사람도 없답니다.

아무도 강제하지 않았지만
빠이가 제공하는 분위기를 해치지 않기 위해
여행자들 스스로 화초를 가꾸듯 빠이를 가꿉니다.

그리고 모두가 빠이를 떠나며 가져가지요,
사소하지만 소중한 삶의 환희들.
행복은 순간 순간의 미소를 모아 만든 꽃다발 같은 거라며.

팬케이크와 버섯꼬치

한낮에 빠이 거리를 지나가다가
팬케이크를 만드는 할머니를 보고 깜짝 놀랐어요.
머리가 하얗게 센 할머니께서 팬케이크를 만드시는데,
만드는 과정부터 다 만들어진 팬케이크 모양까지
마치 한 편의 멋진 퍼포먼스 같았어요.
음식을 만드는 과정이 이토록 아름다울 수 있다니!

해 지고 '워킹 스트리트(야시장)'에 나갔다가
송이버섯을 구워 파는 청년을 만났어요.
버섯을 아무렇게나 꼬치에 끼워 내놓을 수도 있을 텐데
어쩜! 크기에 따라 가지런히 버섯을 꽂아놓은 모습이
마치 프라이팬 위에 놓인 음표처럼 음악 소리를 냅니다.

대체 무엇이 빠이에서 살아가는 사람들의
미적 감각과 감수성을 이렇게 만들어주는 걸까요?
밤길을 걷다가도 군것질을 하다가도 궁금해집니다.

슬로 라이프 인 빠이

낮의 상점 주인들이 가게 문을 닫고
집으로 돌아가는 오후 6시의 워킹 스트리트.
히피 냄새 폴폴 풍기는 여행자들이 하나둘 모여들 때.

어디선가 미니버스가 천천히 자리를 잡고,
어디선가 오토바이가 부르릉 주차를 하고
어디선가 자전거가 따르르릉 짐을 내리고
밤거리에 새로운 상점이 들어섭니다.

밤거리 가게 주인이 타고 온 미니버스, 오토바이,
자전거와 스쿠터가 상품을 진열하는 공간입니다.

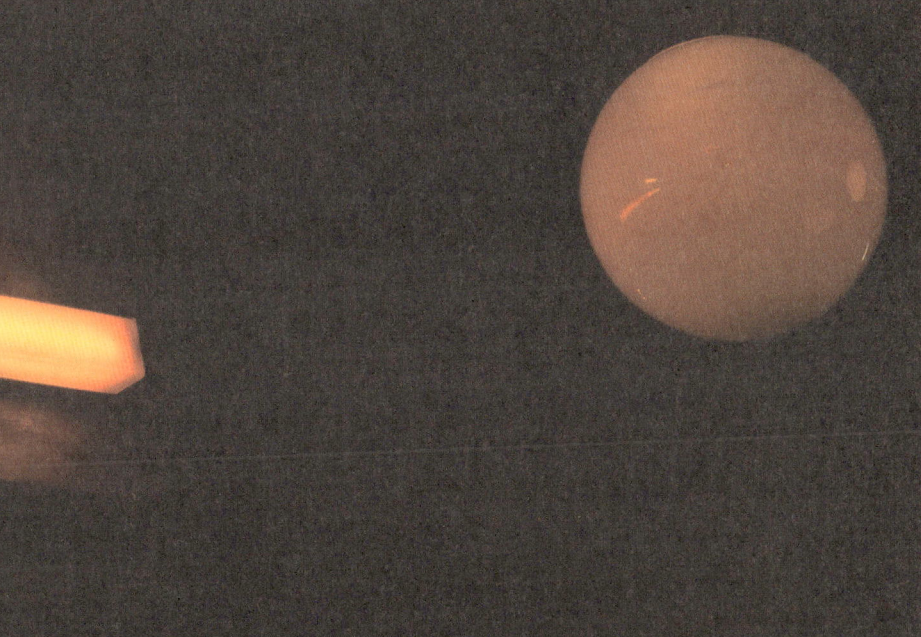

해바라기와 꽃과 나뭇잎과 러브 앤 피스가 새겨진
각종 티셔츠와 액세서리와 열쇠고리와 모자와 머리핀.
오직 빠이에서만 볼 수 있는 독특한 디자인들
사소하지만 쉽게 지나칠 수 없는 의미들.
특이한 아이디어로 제작된 작품들도 아름답지만
나는 미니버스, 스쿠터, 자전거 같은 일상의 탈것들을
길거리 가게로 활용하는 그들의 아이디어가 아름답습니다.
한 장소에 낮밤으로 다른 가게가 문을 여는 게 아름답습니다.

슬 로 라 이 프 인 빠 이.
빠이에선 아무도 아침부터 늦은 밤까지 일하지 않습니다.
그래서 낮의 가게가 문을 닫으면 밤의 가게가 문을 열지요.
심지어 밤가게들도 오후 6시에 상품을 전시하고
9시 무렵이 되면 슬금슬금 다시 상품을 챙겨 넣고
저녁 10시, 한산한 거리 위로 어둠이 내려앉습니다.

오늘 하루 일은 그 정도면 족하고 이제 잠을 자야죠.

아저씨

어제 우연찮게 불교 사원에서 한국 여자아이들을 만났어요.

의과대학을 합격하고도 입학을 거부한 21세의 K
고등학교를 중퇴한 후 해외여행 다니는 21세의 J.
두 아이는 고국을 떠날 수밖에 없었던 사연을 들려주었습니다.

그들의 얘기를 다 듣고 난 후
난 내가 지금껏 살아온 이야기를 들려주었죠.
하고 싶은 것을 하고 싶은 대로 하며 살아온 지난날들을.

마지막 술잔을 부딪히고 헤어질 무렵 K가 말했습니다.
아저씨를 만난 게 제 인생의 터닝 포인트가 될 것 같아요.
사실 아저씨처럼 살고 싶었지만 늘 불안하고 두려웠어요.
부모님이 원하는, 그러나 내가 원하지 않는 삶으로
다시 돌아가려던 참이었는데 이제 돌아가지 않을 힘이 생겼어요.

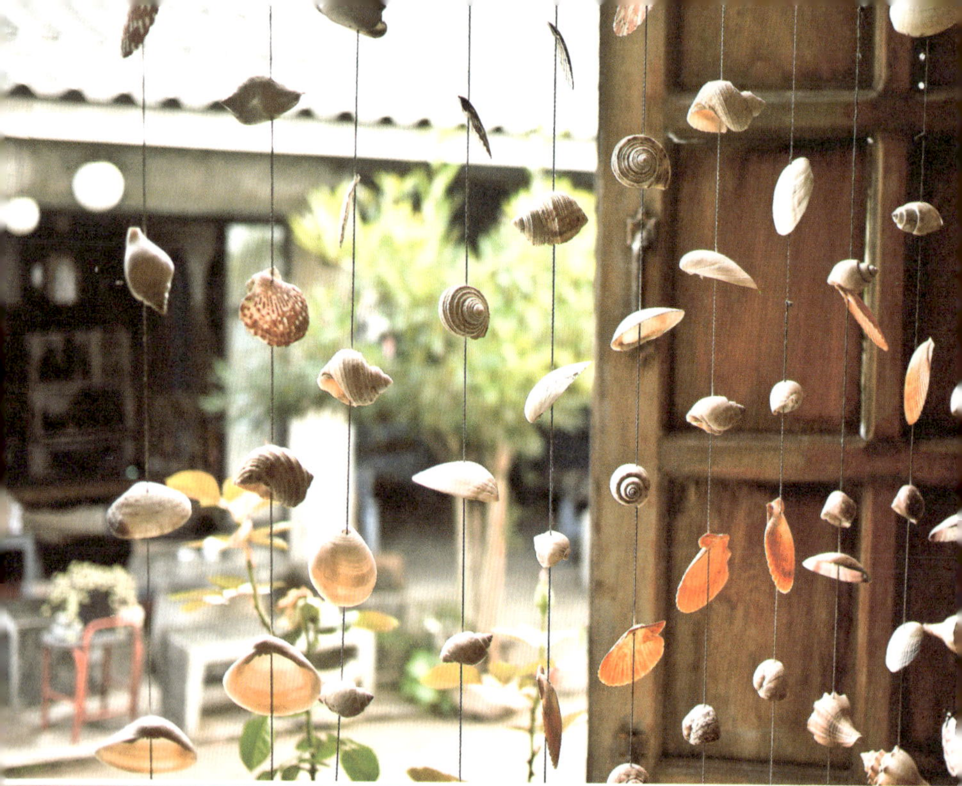

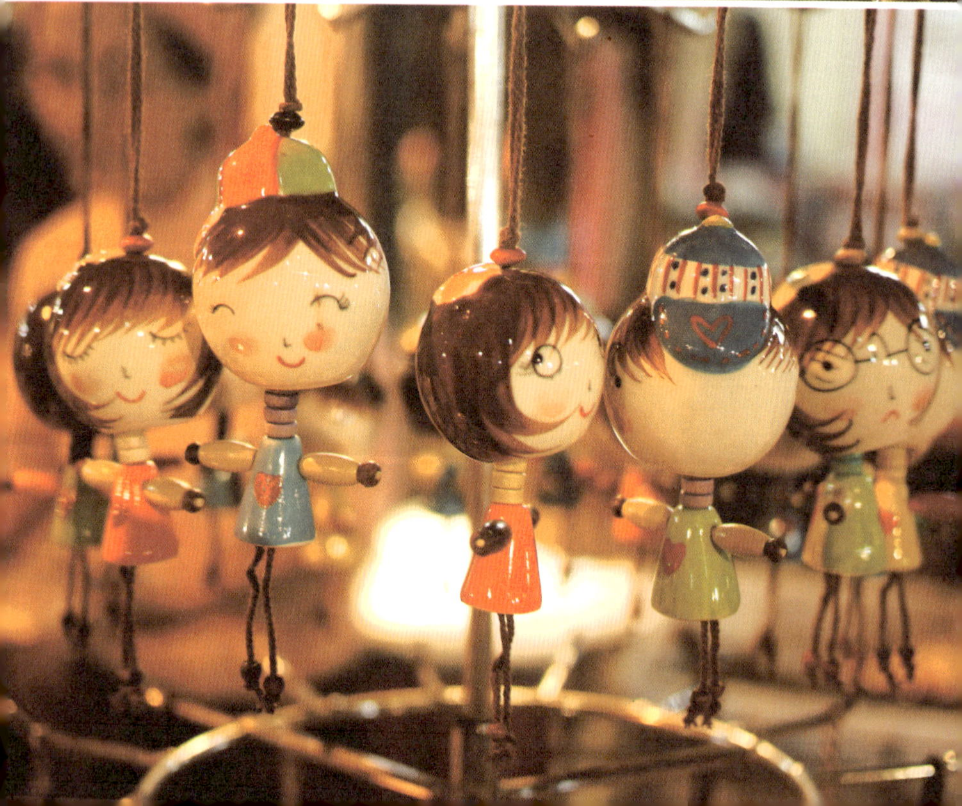

오늘 아침 내가 묵는 숙소로 작별인사를 하러 온 J가 말했습니다.
어제 아저씨가 들려준 얘기 때문에 우리 둘 다 한숨도 못 잤어요.
할 얘기가 정말 많았어요. 아저씨, 절대 잊지 않을게요.

그래, 나도 너희들을 잊지 않으마.
델마와 루이스처럼 좋은 짝이 되어
끝까지 싸워서 마침내 멋진 어른이 되길 바란다.
그래야 너희들과 같은 아이들이
변방으로 떠돌지 않아도 좋을 세상이 될 테니.

한국인

여러 나라를 여행하다 보면 가끔, 우연찮게,
한국에서 온 젊은 여행자들을 만나곤 합니다.
그들의 나이는 열아홉에서 서른에 이르기까지 다양했지요.
한국과 미국 의대의 합격증을 버리고 떠난 스무 살도 있고,
결혼식 직전 파혼을 하고 홀로 여행 온 회사원도 있었죠.

젊은 친구들의 고민을 듣게 될 때가 많았는데
듣다 보니 한 가지 공통점을 발견하게 되었습니다.
그것은 자신이 진정 하고 싶은 일을 포기하고,
부모님이 원하는 일을 (어쩔 수 없이) 하고 있거나,
(앞으로) 해야 한다는 것에 대한 고통이었습니다.
스무 살의 여자아이는 사진학을 공부하고 싶다 했고,
서른 살의 회사원은 뮤직 엔지니어가 되고 싶다고 했습니다.

"모두들 부러워하는 S전자에 다니고 있지만 난 행복하지 않아요.
주변 사람들에게 자랑하는 제 부모님만 행복할 뿐이죠."

모든 아이들은 여리고 한없이 착합니다.
부모가 장래의 직업을 강요하는 경우도 있지만
부모가 강요하지 않더라도 사랑 받기 위해
부모가 좋아할 것 같은 장래를 좇아가기도 합니다.
그런 아이들에게 먼저 "네가 하고 싶은 일을 하렴." 하고
일찍부터 놓아주는 부모는 왜 이리 적은 걸까요?

의사가 되라, 변호사가 되라, 판사가 되라,
검사가 되라, 교사가 되라, 대기업에 취직해라,
강요하거나 손을 끄는 부모들은 수두룩한데
네가 하고 싶은 일을 하렴! 하고
말해주는 부모는 정말 드물었습니다.

지금의 청소년 그리고 청년들의 부모는
스물의 내가 기성세대라고 부르던 1940년~1950년대산이 아니라
진보를, 정의를, 자유를 이야기하던 1960년대산 선배들이거나
한때 신세대라고 불리던 1970년대산입니다.

부모님이 먼저 바뀌지 않으면 세상은 변하지 않을 것입니다.
스펙 쌓기를 강요하는 것은 이 사회가 아니라 부모들입니다.
진보와 정의와 자유를 말하기 전에
아이들에게 하고 싶은 것을 맘껏 꿈꿀 수 있는 자유를 주시길.

네 가 하 고 싶 은 일 을 하 렴 !

KEEP GOING ON

길 을 떠 나 기 전 엔 마 치 의 식 을 치 르 듯
오래된 영화, 〈델마와 루이스〉를 보곤 했어요.

로드무비. 여성 버디 무비의 대명사. 브래드 피트의 청춘 시절. 간만에 보는 〈델마와 루이스〉는 황홀하면서도 슬펐습니다. 델마는 남편이 상징하는 지겹고 답답한 '일상'으로부터 잠시 탈출하고 싶었던 것뿐이었습니다. 그래서 루이스와 함께 여행을 떠났지요.

우리들이 여행을 떠나는 이유도 델마와 다르지 않겠지요. 남편, 아내, 아이들, 회사, 상사, 도시, 일상 등등으로부터 잠시라도 벗어나고 싶다는 것. 그것은 탈출인 동시에 일상에서 잃어버리고 있던 자아를 되찾고 싶은 인간의 가장 근원적인 갈망이기도 합니다. 머리를 풀어 헤치고 담배를 꼬나문 델마가 루이스에게 묻습니다.
"나 지금 꼭 미친 사람 같지?"

그러자 루이스가 대답합니다.
"그게 원래 너였어. 단지 그동안 네 모습을 보여줄 기회가 없었던 것뿐이야."
그래서 영화의 끝, 경찰에 쫓기던 두 사람이 그랜드캐니언의 절벽 위

에서 나누는 마지막 대사가 예사롭지 않았습니다. 뒤쫓아온 경찰차를 등 뒤에 두고 델마가 소리칩니다.

"우리 잡히지 말자!"

루이스가 어리둥절한 표정을 지으며 되묻습니다.

"너 지금 무슨 말을 하는 거니?"

델마가 눈시울을 붉히며 대답하죠.

"Keep going on(우리 계속 가자)!"

어떤 여행자는 자신이 탈출한 '그것'에게 두 번 다시 붙잡히지 않습니다.

청춘의 열정 1

- 사내들은 특출나기 위해 무슨 짓이든 다해. 여자친구는 물론이고 자신의 얼굴, 집, 가족, 신, 종교, 바꿀 수 있는 건 뭐든지 다 바꿀 수 있어. 그러나 절대 바꾸지 못하는 게 있지, 그게 뭔지 알아? 그건 바로 자신이 갖고 있던 열정이야!

스페인 영화, 〈비밀의 눈동자〉에 나오는 대사입니다.
젊은 여인의 시체가 발견되고 수사관은 범인을 쫓지만
용의자는 종적을 감추고 사건은 미궁으로 빠져들던 어느 날.
수사관은 술집에서 TV를 보며 들려주는 친구의 이야기에서
힌트를 얻어내 마침내 살인용의자를 체포하지요.
범인이 남긴 편지에는 늘 축구 얘기가 빠지지 않았거든요.
그 순간 문득 정말 그렇구나, 하는 생각을 했어요.
해외에서 여행을 다니면서도 나는 문자 중계로
롯데자이언츠의 전 경기를 관람하고 있었으니까요.
뭐든지 다 바꿀 수 있지만 절대 바꿀 수 없는 것.

〈청춘을 걸고〉를 읽는 중입니다.
우에무라 나오미, 대단한 열정의 사내로군요.
전세계 최초로 5대륙 최고봉을 등정했던 사내,
아마존 종주 뗏목 여행을 단독으로 이뤄냈던 사내,
북극점을 홀로 횡단하겠다고 나서 마침내 도달했던 사내.
낯선 나라에서 불법체류 노동쯤의 어려움은 아랑곳없이
쓰레기통을 뒤져 끼니를 때우는 부끄러움은 아랑곳없이
열정을 위해 어떤 고난도 부끄러움도 마다하지 않았던 사내.
자신의 열정을 위해 온몸으로 산과 강과 세상과 부딪히고
마흔네 살에 매킨리 산에서 실종된 우에무라 나오미.

당 신 에 게 도
절 대 바 꾸 지 못 하 는 열 정 이 있 나 요 ?
있 다 면 그 것 은 무 엇 인 가 요 ?

SHOW MUST GO ON

그 녀 의   이 름 은   서 른 이 었 어 요.

물론 이름이 아니라 나이가 서른이었지만
그냥 그녀를 서른이라 부르기로 해요.

서른은 다니던 회사를 그만두고 여행 중이었죠.
직장생활 몇 년, 몇 번의 연애, 그리고 이별과 사표.
이렇다 하게 한 것도 없는데 이십대가 다 가버렸다더니….

서른은 서른이 되는 것이 서럽다고 했어요.
서른은 서른이 되는 것이 아쉽다고 했어요.
서른은 서른이 되는 것이 두렵다고 했어요.

그녀의 이야기를 들으며 나는 되돌아보았어요.
서른이 되던 무렵, 나는 무엇을 했던가?

뒤늦은 졸업, IMF, 그래서 아무것도 가진 게 없었지만
서른이 된다는 게 서럽거나 아쉽거나 두렵지는 않았어요.
오히려 기다렸어요, 마치 소년이 성년이 되기를 기다리듯이.
서른이 되기 하루 전날 동네 호프집을 통째로 빌리고,

같은 처지의 친구들을 부르고, 선후배 하객들을 초대했어요.
〈서른, 잔치는 이제 시작이다!〉 플래카드를 내걸고서.

그래요, 스물아홉의 마지막 밤이었지요.
밤 11시 59분 51초, 카운트다운이 시작되었어요.
10, 9, 8, 7, 6, 5, 4, 3, 2, 1, 펑!
야호! 우린 모두 거리로 나가 폭죽을 터트렸어요.
이제 본격적으로 세상과 한판 맞붙을 시간이 왔다고.

그후 10년의 세월이 흘렀어요.
후회 없는 시간이었고, 나름 멋진 인생이었어요.
비록 누군가에게는 서로가 괴물이기도 했고,
누군가에게는 서로가 상처를 주기도 했으며,
나 또한 몇 군데 흉터 자국이 남았지만 말이에요.

어느새 마흔이 되었어요.
하여 이젠 이렇게 외칠래요, 잔치는 계속되어야 한다.
그 시절 내가 사랑한 록밴드 퀸의 노래처럼.

Show Must Go On!

Ik hou van Pa!
Ben Pai van Pa!
Βσημμ Παπ
Uwielbiam Pa!
Λατρεύω Pa!
Imi place Pa!
Jeg elsker Pa!
Me encanta Pa!
Βδηιαμ Pa!
Ich Liebe Pa!

Nakastan Pai
Miluju Pai
Ma armastan Pai
Ljubim Pai
ฉันรักปาย
♥ I LOVE PAI
난 파이 사랑해
私はパイが大好きです
Ben Pai seviy
Amo Pai
我爱派

사랑해. 사랑해…. 사랑해!

영어로는 아이 러브 유
독일어로는 이히 리베 디히
프랑스어로는 주 뗌므
일본어로는 아이시떼루
아랍어로는 우히부카
루마니아어로는 떼 이유베스크
러시아어로는 야 류블류 바스
이탈리아어로는 띠 아모
한국어로는 사랑해

수 많 은 부 족 과 나 라 의
사랑해 – 라는 문장 뒤엔
느낌표가 올 수도 있고,
마침표가 올 수도 있고,
말줄임표가 올 수도 있지만
물음표가 올 수는 없습니다.
사랑해 다음에 물음표가 오는 건
이미 사랑이 아니니까요.

수 많 은 시 간 과 공 간 속 에

사랑해 – 라는 문장 뒤엔
느낌표가 와도 좋고,
마침표가 와도 좋고,
말줄임표가 와도 좋지만
느낌표가 오는 순간들이 많길 바랍니다.

사랑해 – 라는 말의
상대가 이성일 수도,
상대가 화초일 수도,
상대가 계절일 수도,
상대가 도시일 수도,
상대가 시간일 수도 있지만

사랑해! 라고 감탄하게 될 대상이 무엇이든
느낌표의 순간, 순간들이 하나둘 모여
어느덧 당신의 삶을 진정 사랑하게 될 테니까요.

청춘의 열정 2

하얀 침대보가 눈처럼 깔린 침대에 누워
〈알래스카, 바람 같은 이야기〉를 읽었습니다.
조금 읽다가 졸리면 자려고 했는데
중간에 도무지 멈출 수가 없었습니다.
마지막 페이지를 넘기고 나니 새벽 2시.

호시노 미치오가 촬영한 알래스카의 자연에 감탄하고,
그가 들려주는 에스키모 친구들 얘기에 감동했습니다.

열아홉 살 때 보낸 한 통의 편지가 이어준 에스키모와의 인연
알래스카에서 보낸 여름방학을 결코 잊을 수 없었던 푸른 스물.
학교를 마친 호시노 미치오는 알래스카로 날아가
평생을 그곳에서 사진 찍고 글 쓰고 여행하며 살았죠.

그래요. 열아홉 청춘은 한 통의 편지를 썼습니다.
수신자는 알래스카 쉬스마레프 마을 시장 앞으로.
시장이 없는 마을에선 주민들이 모두 편지를 돌려 읽었죠.
그가 보낸 편지의 내용은 다음과 같습니다.

"… 책에서 그 마을 사진을 보았습니다. 저는 그곳 생활에 흥미가 많습니다. 방문하고 싶지만, 그 마을에 아는 사람이 한 사람도 없습니다. 일을 해야 한다면 어떤 일이든 할 수 있습니다."

위시 리스트

당신의 위시 리스트에는
어떤 것들이 들어 있나요?

읽고 싶은 책?
먹고 싶은 음식?
가고 싶은 여행지?

하고 싶어도 할 수 없거나
사고 싶어도 살 수 없거나
가고 싶어도 갈 수 없거나

누구에게나 그럴 때가 있고
누구에게나 그런 것이 있지만
난 당신의 위시 리스트가 최소한이길 바라요.
위시 리스트에 담아둔 게 하나도 없다면 가장 좋겠죠.

바라지 말고, 저스트 두 잇!

북촌방향

오늘은 평소보다 30분 일찍 일어났습니다. 오전 11시.
토스트기에 구운 식빵 한 조각과 블랙 커피 한잔.

페이스북에 접속, 고국의 친구들과 이웃들은 오늘 어떤 생각들을 하고 있는지 더듬더듬 둘러본 후, 얼마 전 고국에서 지인이 이곳 숙소로 보내준 책을 읽었습니다.

호르스트 바커바르트의 〈붉은 소파 – 세상에 말을 건네다〉

오후 3시 반이 되자 드디어 배가 꼬르륵꼬르륵 합니다. 빠이 시장 Fresh Market에서 프라이드 치킨과 야채튀김을 사와 테라스에서 늦은 점심을 먹습니다. 그리곤 저녁 7시까지 책을 읽었어요. 다시 배가 출출해집니다. 그래서 야시장 Walking Street Market으로 마실을 나갔습니다. 태국식 비빔국수 한 그릇 뚝딱. 그리곤 패션 프루트 쉐이크 Passion Fruit Shake를 한잔하려고 단골 과일음료 가게를 찾아갔지만 가게 주인이 보이지 않습니다. 테이블에 앉아 기다려도 오지 않네요. 문득, 홍상수의 〈북촌방향〉에서 반복, 변주되던 장면이 떠올랐습니다.

빠이에선 가게 주인이 가게를 비운 채 자기 일 보러 가는 게 예사입니다. 〈북촌방향〉의 송선미 같은 여자라면 "이 집 주인은 왜 이리 자꾸 가게를 비워, 대체 어딜 가 있는 거야?"라며 투덜거리기 십상인 동네지요. 그치만 나는 빠이의 이런 분위기가 아주 맘에 듭니다.

도둑 걱정하지 않고, 문 활짝 열어놓은 채 가게 비우고 나갔다가 아무 걱정 없이 돌아와도 괜찮은, 그런 곳.

아 유 굿

"자넨 한국어도 경상남도 사투리로 하는데 영어도 미국 텍사스 남부지방 사투리 억양으로 말하는 재주를 가졌구만!"

대학 시절 한 교수님은 내 영어 발음을 두고, 농을 하곤 했답니다. 나는 그때마다 마치 뉴욕에 막 도착한 텍사스 출신의 시골쥐처럼 부끄러웠죠.

그러던 내가 영국에 갔을 때, 한국의 영어학원에서 미리 미국식 영어를 열심히 공부해 온 친구가 식료품 가게 앞에서 외쳤답니다. "깁 미 워러, 플리즈." 가게 점원이 눈을 동그랗게 뜨고 갸웃거리며 되물었지요. "왓?" "깁 미 워러! 플리즈." "왓?" 친구의 목소리는 한층 더 올라갔지만 점원은 전혀 알아듣지 못하는 눈치였어요. 친구가 거의 애원하듯 다시 한 번 외쳤어요.

- 깁 미 워러!

돌아온 대답은 "왓?" 결국 외국인과 말 한마디 섞어본 적 없던 나도 나섰어요. "워터!" 근데 내 말이 끝나자마자 점원이 환하게 웃으며 고개를 끄덕였어요. "아, 워터!" 그 순간 나는 깜짝 놀랐지요. 아, 영국에선 독일식 발음에 가까운 나의 딱딱한 영어발음을 더 잘 알아듣는구나. 그후, 나는 어륀쥐, 라이러, 워러 운운하는 미국식 발음에 주눅 들지 않고 내 식대로 딱딱 끊어지는 영어를 아무렇지 않게 떠들게 되었어요. 심지어 우리가 통상 원어민이라 부르는 미국인도 영어의 본토인 영국 영어에 대한 열등감을 갖고 있으며, 미국에서 최상류층은 영국에서 넘어온 조상들이 많다 보니 조상 대대로 내려온 영국식 영어를 사용한다며 내 발음이야말로 미국 최상류층이 사용하는 하이클래스 잉글리시라고 너스레를 떨었지요.

할리우드 영화를 보면 미국인 여자들이 영국식 발음을 하는 사내들을 귀여워하거나 심하면 거의 못 꼬셔서 환장하는 모습을 종종 볼 수 있어요. 그러니 뭐, 여행 다니면서 굳이 미국식 영어만을 고수할 필요가 있겠어요? 그리고 여행을 하다 보면 미국에서 온 여행자를 만나게 될 확률은 10퍼센트도 되지 않잖아요. 오히려 영어권이 아닌 나라, 가령 프랑스, 이탈리아, 스페인, 브라질, 아르헨티나, 독일, 러시아 등등의 나라에서 온 친구들을 만나는 경우가 더 많지요. 게다가 원주민들의 영어까지 고려하면 여행 중에 주고받는 영어는 실상 비영어권 국가 사람들이 사용하는 영어가 대부분이더군요. 인도식 영어, 태국식 영어, 러시아식 영어, 네덜란드식 영어 등등. 말하자면 영어가 분명 만국공통어 중 가장 강력한 언어인 것은 분명하지만 세상엔 전세계 나라 숫자만큼의 다양한 영어가 존재한다는 것.

문장을 읽을 때의 억양이나 어투 그리고 단어를 발음하는 방식 등등 한국인인 내가 한국식 영어를 하는 건 아주 당연한 일이고 부끄러워할 하등의 이유가 없어요. 비영어권 나라의 친구들, 가령 스페인 친구가 아무렇지 않게 스페인식 영어를 떠들어댈 때, 한국식 영어가 부끄럽다며 의기소침해진다면 그것이야말로 정말 부끄럽고 당당하지 못한 미국 혹은 영어 사대주의겠지요.

이 글을 쓰고 있는데, 바나나하우스의 주인 아저씨가 지나가며 찡긋, 묻는군요. "아 유 굿?" 나는 아저씨의 영어식 질문에 맞춰 찡긋, 윙크하며 대답해요. "아임 굿!"

VERY NICE
WANNA
POO
I LIKE HOW MUCH?
BOLLOX
PHONE IN SICK
SHIT MY
VISA RUN TODAY!

I am not Perfect But I am LIMITED EDITION

장기 체류 후 이동

바나나하우스 BANANA HOUSE. 불빛만이 환한 게스트하우스 입구를 지나 방으로 돌아오는데 한 사내가 성큼성큼 다가와 위스키 한잔하자고 합니다.

빠이 고등학교 교사, 춤폰입니다.

바나나하우스의 주인 덤삭과 춤폰 그리고 나 셋이서 위스키를 마시기 시작했습니다. 나도 마찬가지이긴 하지만 학교 선생이라는 춤폰도, 이 게스트하우스의 주인장 덤삭도 영어는 서툽니다. 내가 바나나하우스에서 묵은 최초의 한국인인데다가 이곳에서 묵는 손님의 99퍼센트는 태국인이었으니까요. 미래 Future를 알아듣지 못해 과거 Past - 현재 Present - 미래 Future 하면서 손짓 발짓 다해가며 설명을 해야 할 정도예요. 그래도 우리 대화의 주제는 술자리 대화란 게 늘 그렇듯 끊임없이 가지를 치고 나갑니다.

김정일의 사망 소식 - 노무현 전 대통령이 자살한 까닭 - 태국의 미래와 정치 - 한국과 태국의 출산율 - 인구가 국력에 미치는 영향 등등. 언어도 잘 통하지 않는 세 사람이 어떻게 이런 주제들로 대화를 나눌 수 있는지 황당하다구요? 위스키 한 병만 있으면 다들 유창한

만국공통어 통역사가 된답니다.

보통 사람들이 여행이라고 여기는 '단기 체류 후 이동하는' 여행 스타일에서 벗어나 내가 '장기 체류 후 이동하는' 노마드족으로 지내기 시작한 후, 종종 나의 정체성이 애매해질 때가 있습니다. 가령 빠이에서 외국인 여행자들이 나를 볼 때면 이 마을 혹은 이 도시에 사는 '현지인'으로 여깁니다.

한편 내가 장기 체류하는 마을의 현지인들은 나를 외국에서 온 여행자로 여기지요. 그런 모호함 속을 흘러다니며 동남아시아에서 2년을 살았습니다. 굿 나잇! 잠자러 돌아서려는데 춤폰이 물어봅니다.

―R, 내일 저녁 4시쯤에 빠이 노천온천에 가볼래?
―응, 좋아!

내일은 빠이에 사는 현지인이자 외국인 여행자가 되어 해 질 무렵 노천온천에 몸을 담그고 있으렵니다..

발인

새벽 5시에 잠이 깼습니다. 무슨 꿈을 꿨나? 한국 시간으로는 아침 7시, K 아버님의 발인이 오늘이라 했으니 곧 출상을 하겠구나…, 이런저런 생각에 잠 못 이루며 뒤척였습니다. 닭 우는 소리가 들렸습니다. 다시 잠들긴 쉽지 않겠구나. 자리에서 일어나 테라스 의자에 앉았습니다. 왜 그런지 자꾸만 박성우 시인의 〈두꺼비〉란 시가 떠올랐지요. 아침 안개 탓이었을까요, 눈자위가 자꾸만 흐물흐물해졌습니다.

아버지는 두 마리의 두꺼비를 키우셨다

해가 말끔하게 떨어진 후에야 퇴근하셨던 아버지는 두꺼비부터 씻겨 주고 늦은 식사를 했다 동물 애호가도 아닌 아버지가 녀석에게만 관심을 갖는 것 같아 나는 녀석을 시샘했었다 한번은 아버지가 녀석을 껴안고 주무시는 모습을 보았는데 기회는 이때다 싶어 살짝 만져보았다 그런데 녀석이 독을 뿜어대는 통에 양 눈이 한동안 충혈되었다
아버지, 저는 두꺼비가 싫어요

아버지는 이윽고 식구들에게 두꺼비를 보여주는 것조차 꺼리셨다 칠순을 바라보던 아버지는 날이 새기 전에 막일판으로 나가셨는데 그때마다 잠들어 있던 녀석을 깨워 자전거 손잡이에 올려놓고 페달을 밟았다

두껍아 두껍아 헌집 줄게 새집 다오
아버지는 지난 겨울, 두꺼비집을 지으셨다 두꺼비와 아버지는 그 집에서 긴 겨울잠에 들어갔다 봄이 지났으나 잔디만 깨어났다
내 아버지 양손엔 우툴두툴한 두꺼비가 살았었다
— 박성우의 〈두꺼비〉 전문

K는 나의 20년지기. 대학 시절 함께 자취를 하기도 했던 K는 1980년 무렵 새파란 나이로 죽은 셋째 형과 전남 강진에서 올라와 서울 변두리에서 지냈던 10대 시절과 가정사를 들려주기도 했었더랬는데, 오늘 아침 〈두꺼비〉가 풀숲에서 울었습니다. 당신의 명복을 빕니다.

인도차이나의 비

나는 책을 많이 읽기보다는
한 권의 책을 천천히,
또 여러 번 읽는 스타일입니다.
책이 고팠던 소년 시절부터의 버릇이지요.

이미 읽은 책 속에서
예전에 미처 발견하지 못한
새로운 것을 발견할 때면
작가의 작품 집필 기간만큼
독자가 시간을 들이지 않으면
작품의 진면목을 송두리째
알기 힘들다는 생각이 들기도 하고,

또 어떤 책은 읽을 때마다
마치 처음처럼 나를 사로잡고는 합니다.
남미의 작가, 마르케스의 소설은 늘 놀랍고,
황홀하고, 처참한 소용돌이 같습니다.
밤새 내리는 빗소리에 잠이 깨어
〈백년 동안의 고독〉을 다시 읽는 밤.
4년 11개월 동안 쉬지 않고 내린 마콘도의 비를 떠올립니다.

물고기들이 "축축한 공중에서 떠다닐 지경이었다."라는 문장에
끄덕끄덕 고개를 끄덕이며…

무정형(無定形)의 구름처럼

한 조각 구름이 일어났다가 사라질 때까지
제자리에 누운 채 가만히 바라본 적이 있나요?

빠이에 온 여행자들은
해먹에 한가로이 누운 채 먼 하늘을 바라보곤 해요.
너른 하늘을 천천히 유영하는 구름을 바라보곤 해요.
도시의 빌딩, 그 수평과 수직의 스카이라인에 잘리지 않은
거대한 구름들이 동서남북으로 느릿느릿 흘러가는 풍경.

구름은 모양이 있다고도, 모양이 없다고도 할 수 없지요.
언뜻, 바라보면 멈춰 있는 듯하지만
지긋이 응시하면 한순간도 멈추지 않은 채
바람 따라 모양을 쉴 새 없이 바꿔가는 구름의 아름다움.
물끄러미 구름의 길을 따라가다가 고개를 끄덕이죠.
구름이 아름다운 건 삼각, 사각, 오각, 육각, 팔각 같은
정형이 아니라 무정형이기 때문이라고.

지구라는 동그란 별에서 지내는 동안
어떤 이는 나를 "아이"라고 불렀고,
어떤 이는 나를 "학생"이라고 불렀고,
어떤 이는 나를 "과장님"이라고 불렀고,
어떤 이는 나를 "선생님"이라고 불렀고,
세상에 책 한 권을 내고 칼럼을 연재하면서
어떤 이는 나를 "여행작가"라고 부르지만
난 그저 '아무도 아닌 자'가 되고 싶었어요.
아니, '아무도 아닌 자'가 되고 싶다고 바라지도 않았어요.
동경이란 행동하지 않는 자들이 만들어낸 변명에 불과한 거죠.

이리저리 흘러오다 만난 길동무들에게 물어보곤 했어요.
지난 네 인생에 수식어를 붙인다면 뭐라고 하겠니?
지금껏 여러 친구들로부터 다양한 대답들을 들었죠.

개 같은 인생,
파란만장한 인생,
고단한 인생,
무료한 인생,
한심한 인생,
뒤죽박죽 인생,
닭도리탕 같은 인생,
떠나고 싶지만 떠나지 못하는 인생….

대답을 한 친구들은 늘 내게 되물었죠.
너는 네 인생에 뭐라고 수식어를 붙일 거니?
처음 그 질문에 대답한 이후부터 지금껏
나의 대답은 늘 변함없이 한결같았어요.

멋 진   인 생 (Wonderful Life) !

삶이란 희로애락喜怒哀樂, 쓰고 달고 맵고 짜고 신 여러 맛들이 합쳐진
'진수성찬珍羞盛饌' 이니까요.

장래 희망

어릴 적 어른들이 장래 희망이 뭐니?
하고 물으면 난 망설이곤 했습니다.
하고 싶은 게 너무 많았기 때문이지요.

내 아버지의 첫 직장은 부산의 어느 사립 중학교,
당신께선 학생들에게 영어를 가르치며 평생을 보내셨지요.
난 궁금했어요.
왜 사람들은 하나의 직업에 종사하며 일생을 보낼까?
마치 버스노선처럼 뻔한 길을 지나며 살 미래가 싫었어요.

궤도에서 벗어나기 위해
열다섯 살에 집을 나갔다가 돌아왔어요.
고등학교를 다니고, 대학에 들어갔어요.
사실 마음을 돌려먹고 대학을 간 이유는
우선 높이 올라가야지
높게, 낮게, 멀리, 가까이
다양한 세상을 볼 수 있으리라는
알량한 짐작과 계산 때문이었습니다.

전구공장 청소부, 댐즈 강 선원,
인터넷방송국 PD, 엔터테인먼트사 회사원,
목조건축 빌더, 승마목장 인부, 바텐더 등등
블루칼라와 화이트칼라를 넘나들며
그동안 참 여러 가지 직업을 경험했어요.
세상의 한 부분으로 살아가지만
일상성에 사로잡히고 싶지 않거든요.
게다가 난 호기심이 너무 많은 여행자였죠,
나팔꽃 씨앗이 환각을 일으킨다는 것을 알 정도로.
가장 최근 나의 직업은 여행칼럼과 여행서를 쓰는 일.

앞으론 또 어떤 일을 해볼까?

내 나이 마흔이지만 난 아직도
집 나가던 열다섯 살 소년 같습니다.

길은 그것이다

안 개 자 욱 하 던 날 .
메 홍 손 을 다 녀 왔 습 니 다 .

메홍손은 빠이에서 서쪽으로 110킬로미터 떨어진 국경.
TV 문화 다큐멘터리나 여행 프로그램에서 종종 보았던,
어린 시절부터 목에 링을 하나둘 끼워
긴 목을 만드는 여인들로 유명한 마을.
오토바이 시동을 걸고 부릉 부릉 부르릉
메홍손 방향 이정표와 거리만 확인하고, 무작정 출발!

난 목적지에 도착한 후에야 메홍손과 빠이 사이에
무려 1,000개가 넘는 굽이가 있다는 것을 알았지요.

해발 1,000미터가 넘는 산들을 오토바이로 오르내리는 사이
몸은 꽁꽁 얼어붙었고 급경사로 기울어진 길을 오를 땐
오토바이가 뒤로 주르륵주르륵 미끄러져 내릴 것 같았죠.
4단에서 1단 사이를 무시로 오가며 고갯길을 간신히 넘었습니다.
설악산 미시령보다 가파르고 굽이지고 머나먼 고갯길을
125cc 오토바이로 넘다니, 뒷자리에 아내까지 태우고서.

현지인들도 길이 험하다고 오토바이론 잘 오가지 않는다는 걸
메홍손에서 돌아오고 나서야 알았죠.

나는 아드레날린 정키일까요?
길 위에 적당한 위험이 없으면 여행이 시들해집니다.

언젠가 메콩 강을 따라 골든 트라이앵글*로 가던 중
어떤 외국인 여행자도 오가지 않는 외진 길에 들어섰고
2시간쯤 지났을 때 뒤따라오던 M이 물었습니다.

- 혹시 이 길도 책에 쓸 거예요?
- 왜?
- 이렇게 힘든 길을 누가 가겠어요?

비포장에, 잦은 급경사에, 굽이마다 진흙탕 길.
게다가 오토바이는 산악용도 아닌 고작 125cc.
배낭은 두 무릎 사이에 끼우고, 아내는 뒷자리에 태우고.
꾸역꾸역 1킬로미터, 5킬로미터, 10킬로미터 전진,
결국 해가 저물어버리고 아카족 마을에서 하룻밤을 자고,
현지인도 그 길로는 골든 트라이앵글까지 가지 않는다는
얘기를 듣고서야 갔던 길을 다시 되돌아와야 했죠.

---

* 태국·라오스·미얀마 3국의 국경이 접한 삼각지대

당신의 여행은 일반인이 따라할 수 없는 여행이라
공감하기 어렵다는 독자의 이야기를 들은 적이 있습니다.
예쁜 곳에서 자고, 맛있는 음식을 먹고,
좋은 곳에서 놀고, 편안하게 쉬는 게 여행 아니냐고.
왜 그런 고생을 하고, 왜 그렇게 힘든 여행을 하느냐고.

내가 샛길을 가는 이유는 후천성 샛길증후군 때문이죠.
그리고 이미 로드 페로몬에 홀렸기 때문입니다.
뻔한 길보단 예측할 수 없는 여행에 끌리고,
은둔하는 풍경들의 초입에서 뿜어져 나오는 샛길의 체취,
로드 페로몬에 한번 취하면 아무리 멀고 험한 길일지라도
도무지 갈 수 없는 지점이 올 때까진 가게끔 만드는.

세상의 모든 길을 갈 수 없다는 것을 알지만,
갈 수 있는 한 많은 길들을
가고, 보고, 만나고 싶습니다.

길은 나의 연인이자 종교.
설령 그 연인이 팜므파탈일지라도,
하여 내게 순교를 원할지라도.

길은 내게 "그것"입니다.

여행을 할 때는 잠깐, 잠깐 짬을 내어 머리를 비워.

그 틈 사이로 그 순간, 순간의 절경들이 들어와 앉을 수 있도록….

빠이에 오기 전 1

나는 태국의 대표적인 유적지를 우선 섭렵했습니다.

아유타야의 유적은
1,000년이 되지 않았는데
더 오래된 것처럼 느껴졌습니다.
복구하지 않고 무너진 상태로 그대로 둔 아유타야
폐허가 최고의 관광상품으로 둔갑하기도 했습니다.
물론 시에서 약간의 노력은 기울이고 있었습니다.
유적지 주변의 잡초를 베고, 쓰레기를 줍고….

자전거를 빌려 타고
아유타야 섬 외곽으로 갔습니다.
오래된 사원의 불상들은 죄다 머리가 없거나,
팔이 없거나, 손목이 없거나, 무릎이 없거나….
섬뜩했지만 기이한 형상들이 나를 매료시켰습니다.
마치 데이빗 크로넨버그의 영화 〈크래쉬〉의 주인공처럼.
나는 오래된 사원을 둘러싸고 있는 모든,
신체 일부가 사라진 불상을 촬영하기 시작했는데,
사원을 한 바퀴 돌았을 즈음 홀연히 환각을 보았습니다.

불상은 온전했습니다. 모든 것은 완벽했습니다.
머리 없는 불상의 머리는 흰구름이었으며,
다리 없는 불상의 다리는 숲이고, 꽃이고,
팔 없는 불상의 팔은 푸른 하늘이었습니다.
아무것도 사라지지 않았습니다.

올려다본 하늘에 부처의 발자국이 찍혀 있었습니다.

빠이에 오기 전 2

수코타이는 아유타야처럼 유적들이 흩어져 있는
오래전 태국 일대를 장악했던 왕국의 수도였습니다.

아침 일찍 버스를 타고 수코타이 왕국에 도착했습니다.
여행자들이 모여드는 장소는 가장 유명한 마하탓 사원.
근데 대부분의 여행자들이 그곳에서 머무는 시간은
보통 10분도 채 되지 않았습니다.
I WAS THERE! 나 거기 있었어
왔다 가다를 증명하기 위한 사진을
찰칵찰칵, 찍는 데는 단지 5분이면 충분하기 때문일까요?

나는 어쩌다 보니, 아유타야에서처럼
마하탓 사원의 불탑을 둘러싸고 있는 불상들에 꽂혔습니다.
탑을 둘러싼 부처들과 눈인사를 나누며 세 바퀴쯤 돌고 나니
나도 모르게 입술 한가득 미소를 짓게 되었고
마침내 "풋하하하하" 웃음을 터뜨리기도 했습니다.
부처들의 천진한 표정이 옮아온 것처럼.
해가 지고 시내로 돌아가려니 아쉬웠습니다.

근데 진정 아쉬운 건 내가 머무르는 시간 동안
후다닥 사진 찍고 어딘가로 떠나는 여행자들뿐,
불상을 두 손으로 직접 만지고, 느끼고, 하여
부처의 웃음을 받아가는 사람이 아무도 없더라는 것.

마지막 웃음을 터트리고 돌아서려는데
한 여자가 다가와 물었습니다.
뭐가 그렇게 우스운가요?
그녀에게 불상의 미소에 대해 얘기했습니다.
그녀는 자못 신기해하는 미소를 짓더니
자신이 묵는 호텔과 방번호를 알려주더군요.
필린호텔, 4011호. 저녁에 술 한잔하러 오실래요?

그날 밤 나는 정말 멋지고 신나는 밤을 보냈답니다.
세븐일레븐에서 도수 높은 위스키와 콜라를 샀습니다.
그리곤 내가 묵던 게스트하우스로 돌아가
각국의 여행자들을 다 불러 모았어요. 헤이, 컴 온!
싸구려 버번콕을 만들어 마시며 함께 떠들며 놀았습니다.
필린호텔의 그녀는 깡그리 잊어버린 채.

독일에서 태국까지 육로로 여행 온 두 독일인이
독한 술 한잔 들이키고 한껏 자랑스레 입을 뗐습니다.
"나도 유럽에서 한국까지 그렇게 여행한 적이 있었는데…."
나도 내가 겪은 에피소드들을 하나둘 꺼내놓기 시작했는데
다들 자리를 뜨지 않은 채 그 다음엔, 그 다음엔
그 다음 길을 묻는 바람에 새벽까지 술자리는 이어지고….

늦은 새벽 내가 그만 자야겠다며 일어서자
두 독일 친구가 내 메일주소를 물으며 말했습니다.
우린 그동안 대단한 여행을 하고 있다고 여겼는데
네 얘기를 듣고 나니 우리 여행은 모험도 없고,
그저 버스만 갈아타고 기차만 갈아탔을 뿐
아무것도 아닌 거란 느낌이 들어.
뭐랄까, 네가 우리를 새롭게 일깨우고 북돋아줬어.
지금껏 만난 여행자들과 나눈 이야기 중 정말 최고였어.
연락처를 알려줘, 쿨 크레이지, 코리안 가이!
메일주소를 적어주며 문득 이런 생각이 들었습니다.

젠장, 이렇게 외국 여행자들로부터 열광적인 반응을 받을 줄
알았으면, 〈푸른 영혼일 때 떠나라〉를 영어로 출판할 걸 그랬나?

고산족 트레킹

비행기를 타든 기차를 타든 버스를 타든
빠이로 가기 위해선 치앙마이부터 들러야 합니다.
그리고 치앙마이에서 북쪽으로 두 시간 정도 가면
치앙라이라는 태국 국경 인근의 작은 도시가 있지요.

내가 처음 태국을 여행할 때 만난 일본 여자가 말했어요.
1년간 동남아를 여행했는데 어쩌다 보니 빠이엔 가지 못했어.
그치만 내가 가본 곳 중엔 치앙라이가 가장 좋았어.

그래서 치앙라이에 왔답니다, 아카족이 사는 산속 마을.
바나나잎이 그늘을 드리운 방갈로에 앉아 이 글을 씁니다.
서늘한 산속으로 들어오니 땀띠가 가라앉기 시작하는군요.

어제는 벨기에 친구 리타, 멜짐, 산드로와
이탈리아에서 온 엔리오 부부와 밤늦게까지 떠들고 놀았습니다.
엔리오는 자신이 이탈리아에서 왔다며, 그렇다고 해서
베를루스코니* 총리를 떠올리진 말아달라고 당부했죠.
우린 그의 느닷없는 당부에 얼마나 웃었는지 모른답니다.

---

* 섹스 스캔들로 자주 이슈가 되었던 이탈리아 총리.

아침 일찍 유럽에서 온 친구들은
고산족 트레킹을 하기 위해 떠났고 나는 남았습니다.
그동안 너무 많이 걸은 탓인지 무릎이 좋지 않았고
여러 번 여러 곳에서 고산족 트레킹을 했기 때문입니다.

동남아시아 각 여행사의 고산족 트레킹 프로그램은
여행자들에게 나름 의미 있고 놀랍고 신기한 경험입니다.
그러나 외국인이 익숙해진 고산족을 만나는 것에 불과하지요.
어, 오늘은 어떤 친구들이 놀러 왔나? 헤이, 웨어 아 유 프롬?

나에게는 그들이, 그들에게는 내가
'첫 만남'이 되는 경험을 해보고 싶다면.
가이드 없이 직접 산으로 들어가 보라고 권하고 싶어요.

그런 경험이 있냐구요?
나는 동남아의 외딴 도시에 도착하면
오토바이를 빌려 무작정 산으로 들어가곤 했어요.
1,000미터가 넘는 산을 넘고 또 넘어 길이 끝나는 곳까지.
어떤 산 너머엔 카무족이, 어떤 산 너머엔 아카족이,
어떤 산 너머엔 야오족이, 어떤 산 너머엔 몽족이,
살고 있었지요. 단 한 번도 이방인을 만난 적이 없는 사람들.
우리나라로 치자면 1970년대 무렵 외국인이 홀홀단신
지리산이나 강원도 산골 화전민 부락으로 들어간 셈인데요,
우리 부모님들은 낯선 외국인을 어떻게 대했을까요?

순박하고 정겹고 아름다운 사람들과의 첫 만남.

세상엔 그런 '첫 만남'이 없는 게 아니라,
그런 여행을 하는 '여행자'가 드물더군요.

아, 갑자기 고산족들과 만났던 지난 기억들이 떠올라
내 마음속에 '사랑'이라는 감정이 자꾸만 고입니다.

아이 돈 해브 타임

산속 아카힐하우스에서 며칠을 묵고
치앙라이로 나오던 아침.
짐칸에는 몇 명의 마을 청년들이 앉고,
하와이에서 온 케이와 여친은 뒷좌석,
나는 아카족 친구, 타오 옆 조수석에 앉았습니다.
출발한 지 10분이 지났을까요?
황톳길 위에서 한 무리가 차를 세웠죠.
레바논에서 놀러 왔다던 부부였어요.
천천히 차창을 내리자 남편이 물었죠.

— 저 고개 너머까지 좀 태워줄래요?
그리고 한마디를 덧붙였어요. 아이 돈 해브 타임!
이야기를 다 듣고 나자 타오가 싱긋 웃으며 대답했습니다.
— 시간이 없다면 당신은 이미 죽은 사람이군요. 살아 있는 모든 존재는 시간을 갖고 있다구요. 난 내 차에 송장을 태우고 가고 싶진 않아요.

타오의 대답에 차 안에 있던 사람들이 웃음을 터트렸어요.
레바논 사내가 당황하자 타오가 농담이었다며 수습을 했지요.
수습이 끝나고 그들이 몸을 싣고 차가 다시 출발했어요.
그것으로 대화는 끝났지만 난 그 대화가 농담 같지 않았어요.
도시에서 우리는 얼마나 자주 말했던가요?

I DON'T HAVE TIME. 시간이 없어.

히피들의 이상향

태국의 남쪽 끝에서 시작된 여행의 종착지.
태국 북부 산간 마을 빠이에 오후 2시 도착.
작은 읍내 같은 시내를 한 바퀴 돌았습니다.
ATM, 레스토랑, 세븐일레븐, 은행 등등.
그리곤 오토바이를 빌려 시내를 돌아본 후,
'빠이 찬' 이란 숙소에서 싱글룸 체크인.
비질비질 흐르는 땀, 한차례 수영을 하고.

쨍쨍 내리쬐던 해가 기울 무렵
오토바이를 몰고 다시 길을 나섰습니다.
히피들이 사랑했던 탓에 히피 트레일이라고 불리는 길.
나는 그 길 위에서 고개를 절레절레 흔들어댈 뿐
아무 말도 할 수 없었습니다.
해가 완전히 기울자 풍경이 어둠 속으로 사라졌고
나는 숙소로 돌아와 일찍 잠을 청했습니다.
새벽 5시, 어디선가 수탉이 울었습니다.
햇살이 따가워지기 전에 이곳을 돌아보자.

나는 자리에서 일어나 다시 길을 나섰습니다.
그리곤 달리고, 오르고, 또 달렸습니다.
6시간이 지나도록 같은 말이 입 밖으로 계속 튀어나왔습니다.

어떻게 이런 곳이 있을 수가 있지?
어떻게 이런 곳이 있을 수가 있지?
어떻게 이런 곳이 있을 수가 있지?

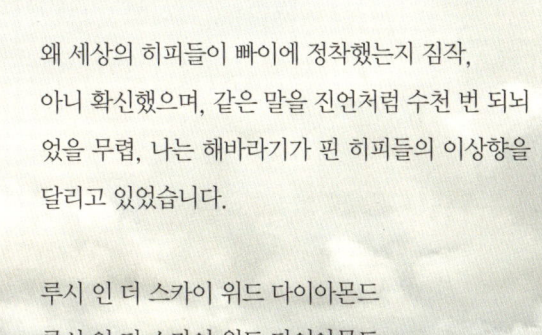

왜 세상의 히피들이 빠이에 정착했는지 짐작, 아니 확신했으며, 같은 말을 진언처럼 수천 번 되뇌었을 무렵, 나는 해바라기가 핀 히피들의 이상향을 달리고 있었습니다.

루시 인 더 스카이 위드 다이아몬드
루시 인 더 스카이 위드 다이아몬드
루시 인 더 스카이 위드 다이아몬드

길의 중력

오늘도 길 위에서 멈칫, 했습니다.
어떤 길이 가지고 있는 중력은 정말 대단합니다.
마치 하나의 길 속에 수천 수만 가지 이야기가
회오리치고 천둥과 번개가 치고 있는 듯한 느낌.
그럴 때면 정말 난 환각에 빠진 듯한 기분입니다.
새벽에 오토바이를 타고 길을 나섰습니다.
아침시장에 들러 죽 한 그릇을 간단히 먹고.
강 건너편에 사는 소수부족 마을을 지나
지역 초소가 있는 곳까지 줄기차게 달렸습니다.
길은 아래로 추락했다가 다시 위로 용솟음쳤고
난 마치 용의 등줄기에 앉은 것처럼 황홀했습니다.
돌아오는 길 위에서 몇 장의 사진을 찍고, 정오의 태양.
오토바이는 24시간 대여했으니 아직 3시간 여유가 있습니다.
앞으로 또 어떤 풍경들이 나를 매혹시킬지 모르지만
빠이의 길들은 정말 아름답습니다.

스스로 운전하지 않으면
절대, 진면목을 느낄 수 없는, 그런
길의 중력이 이곳에 있습니다.

장기 체류 여행자

트레블Travel과 스테이Stay는
언뜻 보면 정반대편에 있는 단어처럼 보여요.
그러나 실상 두 개의 단어는 비슷한 말이라고 할 수도 있지요.
'여행Travel'에 필수적으로 따라붙는 말이 '체류Stay'이니까요.
이국으로 가는 순간 입국 심사를 하는 사람이 묻잖아요.

- 이 나라에서 얼마 동안 지내실 거죠?

우리는

일주일간 '여행' 할 거라고 대답하기도 하지만,
일주일간 '체류' 할 거라고 대답하기도 하지요.
세상은 여행하는 이와 체류하는 이로 나뉘어요.
구분은 '직업' 이나 '라이프 스타일' 이 아니라
대답하는 사람의 '마음' 에 달려 있는 것이죠.

인간이란

체류기간을 모른 채 여행 중인 여행자인지도 모르겠어요.
이 별에 도착했을 때 아무도 체류기간을 묻지 않았잖아요.
물론 질문을 던질 '존재' 가 답을 알고 있으니 그랬을 수도 있지만요.
아무튼 우리는 이 별에서 체류하면서, 또 체류하며 살아요.
한국에서, 태국에서, 체코에서, 인도에서, 일본에서….

여행이란 늘 '체류 후 이동' 이라는 순서를 밟으며 진행되죠.
근데 '단기 체류 후 이동' 이 아니라 '장기 체류 후 이동'
그런 패턴으로 이 별을 여행해 보면 어떨까요?
그런 바람을 실행으로 옮긴 첫 장소가 인도차이나였어요.

고국을 떠난 후 친구들이나 지인들이 메일로 물어보곤 해요.
해외에서 장기 체류하는 데 드는 비용이 어느 정도인지, 등등.
'단기 체류 후 이동'에 대한 가이드북은 서점마다 넘쳐나지만
'장기 체류 후 이동' 하는 기술에 대한 여행안내서는
서점을 아무리 뒤져봐도 무척 드물더라면서.

모든 사람들은 저마다 계절이나 날씨에 대한 취향이 있죠.
어떤 이는 봄을 좋아하고, 어떤 이는 여름을 좋아하고,
어떤 이는 가을을 좋아하고, 어떤 이는 겨울을 좋아하듯이.
대부분 사람들은 선선한 가을이나 꽃피는 봄을 좋아하더군요.

지난겨울 나는 태국의 해변휴양지 크라비에서 보냈어요.
낮 기온은 30도를 웃돌지만 저녁엔 한국의 초가을처럼 선선.
영하의 겨울을 겪고 싶지 않았고, 푸른 바다가 보고 싶었거든요.
크라비에 집을 렌트한 후, 낮에는 인터넷을 하거나 책을 읽고,
해 질 무렵엔 바닷가에서 수영을 하거나 스노클링을 하고,
저녁엔 여행자들과 술을 마시거나 집으로 돌아와 글을 썼어요.

크라비에서 겨울(?)을 보내는 동안 나의 한 달간 체류비는
에어컨, 침대, 책상 등등이 갖춰진 집의 월세 200달러를 포함,
500달러 정도. 체류비는 체류기간 동안 집필한 원고료로 충당.

낯선 도시에 도착하면 가장 먼저 오토바이를 빌려요.
하루, 이틀 돌아다녀 보면 호텔이나 리조트의 일일 숙박비로
한 달간 지낼 아담한 집이나 깨끗한 방갈로를 구할 수 있죠.
약간의 보증금과 월세를 지불하고 낯선 도시에서의 새로운 삶.
어떤 나라, 어떤 지역에선 6개월치 선불을 요구하기도 하지요.
에어컨 방 2개와 선풍기 방 2개, 그리고 욕실, 부엌, 거실과
너른 마당이 있는 이층집을 월 200달러가량에 빌린 적도 있어요.

현지인이 이용하는 시장에서 식재료를 사 와서 요리해 먹으면
한 달 식비는 150달러면 충분하죠.
장기 체류하기엔 무비자 입국이 가능한 국가가 편해요.
베트남과 라오스는 무비자로 15일, 보름마다 국경을 오갔고
태국의 경우엔 입국과 동시에 3개월 무비자를 받을 수 있어요.

여행을 하다가 장기 체류로 눌러앉는 여행자도 종종 있지만
어떤 여행자는 장기 체류할 도시를 찾아 여행하기도 해요.
나는 겨울을 보낼 곳을 찾아 여름내 태국을 떠돌았어요.
태국의 남쪽 해변에서 북쪽 산악지대까지 둘러본 후 귀환.
그렇게 해서 내가 겨울을 보낼 곳으로 낙점한 곳이
히피와 예술가들이 모여 사는 산속 마을 빠이였죠.
아내와 빠이에서 지내기로 결정한 건 정말 멋진 선택이었죠.

BUS TO PAI
140 km. From Chiang Mai to Pa
on the thai highway 1095
with 762 curved
take 4 hours, about 80 baht

우리들은 지금 빠이로 간다

빠이는 세계인이 자랑하는 도시, 뉴욕이 아니랍니다.
빠이는 세계인이 모여드는 도시, 런던이 아니랍니다.
빠이는 세계인이 사랑하는 도시, 파리가 아니랍니다.
빠이는 높은 산들이 둘러싸고 있는 작은 마을이랍니다.
그러나 사람들은 빠이PAI가 커다랗게 쓰여진 옷을 입지요.

빠이는 졸업생이 자랑하는 명문, 하버드 대학이 아니랍니다.
빠이는 수재들이 모여드는 명문, 옥스퍼드 대학이 아니랍니다.
빠이는 기업들이 사랑하는 명문, MIT 대학이 아니랍니다.
빠이는 농부와 예술가와 여행자들이 사는 작은 마을이랍니다.
그러나 사람들은 빠이PAI가 커다랗게 쓰여진 옷을 입지요.

빠이가 자랑하는 브랜드는 빠이입니다.
빠이로 보내는 우편번호는 '58130' 입니다.
빠이로 가는 762개의 구불텅 길은 1095번 국도입니다.
빠이는 치앙마이에서 버스로 4시간이나 가야 하는 외진 마을.
그럼에도 우리는 지금 빠이PAI로 가고 있습니다.

이름_ 에이제이(와라폰) | 나이_ 35세
국적_ 태국 | 고향_ 푸켓 | 직업_ 주부 | 체류기간_ 37일

최고의 선택이었어!

에이제이, 넌 빠이에 왜 왔니?
특별한 이유는 없어. 그러나 한 가지 확실한 건 지금 이 순간 내가 빠이와 사랑에 빠져 있다는 사실이지.
네게 빠이는 뭐지?
한마디로 표현하자면, 천국이지! 하하하!
언제 즈음의 빠이가 가장 아름다워?
음, 11월에서 1월 사이? 알래스카에서 봄, 여름, 가을을 보내고 매년 이맘때쯤 빠이에 와서 연말을 보내. 적당히 따뜻하고 그러나 습하지 않아서 기분 좋은 날씨. 사람들은 이 무렵을 하이시즌이라고 불러. 해가 지면 야시장에 불이 들어오고 사람들이 어디선가 마구 쏟아져 나오지. 유쾌한 사람들, 아름다운 조명과 카페. 난 사람들이 붐비는 이 무렵이 가장 좋아.
다른 사람들에게 추천하고 싶은 장소가 있다면 말해줄래?
무엇보다 빠이 주변의 숨겨진 폭포들. 그리고 빠이 강과 주변 사찰들을 추천하고 싶어.
빠이에 온 사람들이 하지 말았으면 하는 것이 있다면 뭐니?
벌목!
그럼 빠이에 온 사람들이 반드시 해야 할 것이 있다면?
휴식.
너를 행복하게 해주는 게 뭐니?
빠이에 사는 사람들과 빠이를 찾아온 사람들이지.
넌 여행이 뭐라고 생각해?
음… 흥미롭고 신나는 것들을 보고 느끼고 경험하는, 뭐 그런 게 아닐까.

너는 사랑이 뭐라고 생각해?
내가 보고 느끼고 경험하는 모든 것을 사랑해. 바로 '지금' 말이야.
네게 가장 소중한 건 뭐니?
나의 남편이지.
네 인생에서 가장 행복한 순간은 언제였어?
내 인생의 모든 순간, 순간이 행복해. 빠이가 그런 생각이 들게 만들어줘.
네 인생에서 최고의 선택은 뭐였다고 생각해?
아주 확실한 답을 해주지. 그건 바로 이번 생에서 내 남편을 만난 것, 그건 정말 최고의 선택이었어. 하하하.
만약 원하는 건 뭐든지 될 수 있다면 넌 누가 되고 싶니?
태국 공주나 해볼까? 하하하.
네가 신혼여행을 다시 간다면 어디로 가고 싶어?
지구상의 모든 장소들! 지금 난 세상 어딜 가더라도 행복할 거 같아. 하하하.
네가 가장 좋아하는 건 뭐니?
웃음, 지혜, 그리고 누군가와 친구가 되는 것. 길 위에서 우연히 너와 만나 이젠 낯선 타인이 아니라 친구가 된 것처럼. 그런 순간, 순간과 경험 속에 늘 웃음이 기억으로 남고, 한편 새로운 친구들이 내게 늘 새로운 지혜를 주지.
네가 싫어하는 건 뭐니?
이건 뭐 두말할 것 없이, 거, 짓, 말.
네 인생에서 가장 흥미로운 사람은 누구니?
내 남편, 닐이 내게 가장 흥미로운 사람이야.

여행할 때 반드시 너와 함께 가는 게 있니?
어린 시절부터 갖고 다니는 내 인형.
죽기 전에 꼭 가보고 싶은 곳?
아프리카를 보고 싶어. 꼭 갈 거야. 아니, 내년에! 하하하.
인류에게 전하고 싶은 말이 있다면 한마디 해줄래?
안녕! 내 이름은 에이제이야. 만나서 반가워! 하하하.

이름_ 닐 | 나이_ 60세
국적_ 미국 | 고향_ 발데즈 알래스카 | 직업_ 선장 | 체류기간_ 37일

마음 편히 쉴 수 있는 제2의 고향

닐, 넌 빠이에 어떻게 오게 되었어?
내 고향은 알래스카야. 얼음이 녹는 봄부터 가을까지 일하고 겨울엔 쉬지. 알래스카는 너무 추워. 처음엔 날씨 때문에 빠이에 왔는데, 지금은 사람들 때문에 빠이를 더 좋아하게 되었어. 이젠 매년 겨울 빠이에 와서 연말을 보내고 새해를 맞이하고 있어.

네게 빠이는 어떤 곳이지?
마음 편히 쉴 수 있는 제2의 고향.

넌 언제 즈음의 빠이가 제일 아름답다고 생각해?
12월 무렵을 가장 좋아해.

10년 후 빠이의 모습은 어떻게 되어 있을까?
지난 2년간은 별다른 변화가 없었던 것 같아. 그러니 앞으로 2년도 그렇겠지. 그치만 10년 후라면 나도 모르겠군.

빠이에 온 사람들이 반드시 해야 할 것이 있다면?
빠이의 길들을 두 발로 걸어다녀 보시오.

너를 행복하게 해주는 게 뭐니?
나를 가장 즐겁게 하는 건 바로 지금, '여행 중'인 상태야.

넌 여행이 뭐라고 생각하는데?
새로운 사람을 만나고, 친구가 되고, 다 함께 웃는 것.

너는 자연이 뭐라고 생각해?
멋진 산악 풍경이랄까? 난 알래스카 출신이거든. 허허허.

네 인생에서 가장 행복한 때는 언제니?
바로 지금, 여행 중일 때가 가장 행복해.

네 인생에서 최고의 선택은 뭐였다고 생각해?
보트들을 사고 사업을 시작한 거.

만약 원하는 건 뭐든지 될 수 있다면 넌 무엇이 되고 싶니?
현재 상태에서 아무것도 손 대고 싶지 않아.

신혼여행을 간다면 어디로 가고 싶어?
무레아섬(Moorea Island: 남태평양 프랑스령의 화산섬, 타히티의 자매섬으로 유럽과 북미 사람들에게 최고의 휴양지로 알려져 있다.)

네 인생에서 가장 흥미로운 사람은 누구니?
내 아내, 에이제이. 그녀는 정말 종잡을 수 없는, 그래서 더 사랑스러운 여인이야.

여행할 때 반드시 갖고 가는 게 있니?

우선 돈을 챙겨야겠지. 하하하.

죽기 전에 꼭 가보고 싶은 곳?

브라질.

죽기 전에 꼭 하고 싶은 것?

모든 것을 다 끝내는 것.

인류에게 전하고 싶은 말이 있다면 한마디 해줄래?

여보게들, 지구는 이미 인간들로 넘쳐나니 애들은 적당히 만들자구.

이름_ 니키 베르하이든 | 나이_ 26세
국적_ 독일 | 고향_ 암스테르담 | 직업_ 졸업생 | 체류기간_ 3일

사랑을 찾아 여기까지 왔어

니키, 넌 빠이에 어떻게 오게 되었니?
사랑 찾아서 흘러흘러 여기까지 왔어. 사랑은 나의 처음이자 끝이야.
네게 빠이는 어떤 곳이지?
사랑, 평화, 그리고 행복(Love & peace & happiness)
넌 언제 즈음의 빠이가 제일 아름답다고 생각해?
11월, 덥지 않아서 이리저리 싸돌아다니기 딱 좋아.
10년 후 빠이의 모습은 어떻게 되어 있을까?
태국에서 가장 유명한 관광지로 변해 있지 않을까?
다른 사람들에게 추천하고 싶은 장소 세 군데가 있다면 말해줄래?
잠자기 위해선 강변의 숙소들, 마시기 위해선 레게 바, 쉬기 위해선 빠이 굿 히피.
빠이에 온 사람들이 하지 말았으면 하는 것이 있다면 뭐니?
과속운전. 이곳은 느리게 움직여야 제맛을 알 수 있는 마을이거든.
그럼 빠이에 온 사람들이 반드시 해야 할 것이 있다면?
글쎄 마리화나 한 대 빨고 조용히 쉬는 것? 하하하.
너를 행복하게 해주는 게 뭐니?
사랑.
넌 여행이 뭐라고 생각해?
멋진 친구들을 사귀고, 새로운 장소들을 발견하고, 아름다운 자연과 만나는 것.
너는 사랑이 뭐라고 생각해?
함께 울고 웃는 것. 그리고 누군가를 행복하게 해주고 싶은 마음이 사랑이야.

네 인생에서 가장 행복한 때는 언제니?

내가 사랑하고 나를 사랑하는 사람들에게 둘러싸여 있을 때.

네 인생에서 최고의 선택은 뭐였다고 생각해?

이번 여행.

만약 원하는 건 뭐든지 될 수 있다면 넌 무엇이 되고 싶니?

난 아무것도 되고 싶지 않은데? 하하하. 지금의 내 모습 그대로 남고 싶어.

신혼여행을 간다면 어디로 가고 싶어?

사랑하는 사람이랑 달나라로 점프하고 싶어.

네가 좋아하는 건 뭐니?

자전거 타기.

네 인생에서 가장 흥미로운 사람은 누구니?

나의 부모님.

여행할 때 반드시 갖고 가는 게 있니?

행운의 돌.

네가 가진 세 가지 보물은 뭐니?

다른 이에게 나눠줄 수 있는 사랑 한가득, 늘 긍정적인 마음, 그리고 나의 아름다움. 호호호.

인류에게 전하고 싶은 말이 있다면 한마디 해줄래?

자아, 흥분을 가라앉히고 진정하세요.

이름_ 닉 | 나이 20세
국적_ 호주 | 고향_ 시드니 | 직업_ 학생 | 체류기간_ 3주

벌써 3주가 지나가 버렸군

닉, 넌 빠이에 어떻게 오게 되었니?
아시아 여행 중에 며칠 지낼 작정으로 왔어. 근데 벌써, 어디 보자, 이미 빠이에서 3주가 지나가 버렸군. 다음 주에, 다음 주에 하다 보니 이렇게 되어버렸어. 이젠 다른 도시로 떠나자 하고 마음을 먹지만 막상 떠나려고 하면 이곳이 너무 좋아서 다른 곳으로 떠나고 싶지가 않아.

네게 빠이는 어떤 곳이지?
평화롭고 조용한 마을. 다정다감한 사람들. 그리고 쾌적한 분위기.

넌 언제 즈음의 빠이가 제일 아름답다고 생각해?
해 질 무렵. 자연을 보는 것도 아름답고 야시장 준비로 거리가 바뀌는 모습을 지켜보는 것도 정말 좋아.

다른 사람들에게 추천하고 싶은 장소 세 군데가 있다면 말해줄래?
옐로 선 바(Yellow sun bar), 부멜리셔스 카페(Boomalicious café), 달링 뷰 호텔(Darling view hotel).

빠이에 온 사람들이 반드시 해야 할 것이 있다면?
사교적인 사람이 되는 것.

너를 행복하게 해주는 게 뭐니?
친구들, 가족, 새로운 지식, 여행.

넌 여행이 뭐라고 생각해?
세상에 대한 스스로 학습.

너는 사랑이 뭐라고 생각해?
놀랍고, 두렵고, 평화롭고, 편안하고, 복잡한 것.

그럼, 너는 자연이 뭐라고 생각해?
살아 있는 예술.

네 인생에서 가장 행복한 때는 언제니?
호주는 육지로 연결된 다른 나라가 없어. 거대한 섬이지. 그래서 바다 건너 다른 세상을 돌아다닐 때가 가장 즐거워.
네 인생에서 최고의 선택은 뭐였다고 생각해?
학업을 미루고 이번 여행을 떠나기로 한 것.
만약 원하는 건 뭐든지 될 수 있다면 넌 무엇이 되고 싶니?
심리학자.
신혼여행을 간다면 어디로 가고 싶어?
남미.
네가 좋아하는 건 뭐니?
이성과 합리성. 그리고 지적이고 즐거운 토론.
네가 싫어하는 건 뭐니?
비합리성, 잔인성, 권력남용, 부정부패.
네 인생에서 가장 흥미로운 사람은 누구니?
크리스토퍼 히친스(Christopher Hitchens: 2005년 영미 언론이 선정한 100대 지식인 중 1위 노엄 촘스키, 2위 움베르토 에코, 3위 리처드 도킨스, 4위 바츨라프 하벨에 이어 5위에 오른 세계적인 정치학자 겸 저널리스트. 대표작으로 〈신은 위대하지 않다〉가 있다. 〈만들어진 신〉의 저자 리처드 도킨스는 크리스토퍼 히친스를 "우리 시대 최고의 언사이며 신을 포함한 모든 폭군들에게 대항한 용감한 전사"라고 평가했다.)
여행할 때 반드시 갖고 가는 게 있니?
읽을 책들.
죽기 전에 꼭 가보고 싶은 곳?
아메리카, 러시아, 북극, 네팔, 그리고 호주 7대 자연경관.

죽기 전에 꼭 하고 싶은 것?
세상을 구경하고, 대학을 졸업하고, 결혼을 하고, 아버지가 되고, 할아버지가 되고….
네가 가진 세 가지 보물은 뭐니?
나의 생명, 나의 여자친구, 내가 받은 교육.
인류에게 전하고 싶은 말이 있다면 한마디 해줄래?
당신이 계속 아무런 행동도 하지 않는다면, 결국 마지막으로 종교에 의지하게 될 것입니다.
한국인에게 하고 싶거나 묻고 싶은 말은?
만약 컴퓨터로 자신의 삶을 완벽하게 설계한 후에 그런 사실을 전혀 모른 채 살 수 있다면, 당신은 그렇게 하겠습니까?

이름_ 소피 | 나이_ 20세
국적_ 호주 | 고향_ 시드니 | 직업_ 바리스타 | 체류기간_ 3주

죽기 전에 꼭 보고 싶은 것은? 오로라!

소피, 넌 빠이에 어떻게 오게 되었니?
닉이랑 6개월째 동남아시아를 여행 중인데 '우연히' 들렀다가 '필연적'으로 발이 묶여버렸어.

네게 빠이는 어떤 곳이지?
빠이는 당신을 사랑합니다~~

넌 언제 즈음의 빠이가 제일 아름답다고 생각해?
3주째 이 마을에서 지내고 있는데, 빠이는 정말 매일매일이 새롭고 아름다워.

다른 사람들에게 추천하고 싶은 장소 세 군데가 있다면 말해줄래?
옐로 선 바(Yellow sun bar), 크로스 타투(Cross tattoo), 부멜리셔스 카페(Boomalicious café).

빠이에 온 사람들이 하지 말았으면 하는 것이 있다면 뭐니?
어느 도시에서나 하지 말아야 하는 행동이긴 하지만, 음주운전 금지!

그럼 빠이에 온 사람들이 반드시 해야 할 것이 있다면?
반드시 부멜리셔스 카페에서 식사를 할 것, 그리고 휴식.

너를 행복하게 해주는 게 뭐니?
여행.

넌 여행이 뭐라고 생각해?
배움, 자유, 그리고 호기심 충족.

그럼, 너는 자연이 뭐라고 생각해?
진화.

네게 가장 소중한 건 뭐니?
생명.

네 인생에서 가장 행복한 때는 언제니?

난 여행 다닐 때가 제일 좋아.
네 인생에서 최고의 선택은 뭐였다고 생각해?
이번 여행을 떠나기로 한 것.
만약 원하는 건 뭐든지 될 수 있다면 넌 무엇이 되고 싶니?
저널리스트.

신혼여행을 간다면 어디로 가고 싶어?
암스테르담, 파리, 그리스의 섬들, 아무튼 유럽의 여러 곳들을 다 둘러보고 싶어.

네가 좋아하는 건 뭐니?
여행, 사진, 드럼 연주, 독서.

네가 싫어하는 건 뭐니?
종교, 동물학대.

여행할 때 반드시 갖고 다니는 거?
속옷.

죽기 전에 꼭 가보고 싶은 곳?
아프리카, 러시아, 미얀마, 네팔, 인도, 한국… 내가 아직 가보지 못한 모든 곳들.

죽기 전에 꼭 하고 싶은 것?
북극에서 오로라 감상하기.

네가 가진 세 가지 보물은 뭐니?
카메라, 남자친구, 토끼.

혹시 한국인들에게 묻거나 하고 싶은 말이 있니?
지구 어디까지 가봤니?

이름_ 마이 나카요 | 나이_ 27세
국적_ 일본 | 고향_ 오사카 | 직업_ 숍 매니저 | 체류기간_ 3년 전 처음 방문, 이번이 두 번째인데 2개월째 체류 중

새로운 인생이 시작 된 장소 '빠이'

마이, 넌 빠이에 어떻게 오게 되었니?
내 남자친구, 보이를 만나러 처음 빠이에 왔던 게 3년 전이었어. 근데 지금은 내가 보이보다 빠이를 더 사랑하게 되었지.
네게 빠이는 어떤 곳이지?
나의 새로운 인생이 시작된 장소.
넌 언제 즈음의 빠이가 제일 아름답다고 생각해?
'러이끄라통 페스티벌(풍등축제)'. 수많은 풍등들이 하늘로 떠오르고 빠이 강 위론 또 수많은 꽃배가 흘러가는 풍경은 정말 이루 말할 수 없을 정도로 아름다워.
10년 후 빠이의 모습은 어떻게 되어 있을까?
지금의 빠이와 다를 바 없으면 좋겠어. 언제나 한결같이.
다른 사람들에게 추천하고 싶은 장소 세 군데가 있다면 말해줄래?
폭포와 온천을 추천해 주고 싶어. 그러나 관광지가 아니라 숨겨진 곳을 가야 해.
빠이에 온 사람들이 하지 말았으면 하는 것이 있다면 뭐니?
쓰레기를 함부로 버리는 것.
그럼 빠이에 온 사람들이 반드시 해야 할 것이 있다면?
삶을 즐기고 편안하게 휴식하고, 또다시 빠이로 오는 것.
너를 행복하게 해주는 게 뭐니?
아름답거나 웃긴 것들, 그리고 편안한 느낌. 사랑 그리고 부드러운 마음.
넌 여행이 뭐라고 생각해?
여행은 나를 더 강하게 만들어주고 또한 세상을 늘 새롭게 보게 만들어주는 길이야.

너는 사랑이 뭐라고 생각해?
서로 돌봐주고 서로에 대해서 생각하는 것.
보이랑 어떻게 만났니?
3년 전 태국으로 배낭여행을 왔어. 카오산 로드 좌판에 앉아 레게 머리를 땋고 있는데 건너편에서 누가 나를 자꾸만 쳐다보는 거야. 그래서 나도 힐끔 쳐다봤는데, 그 남자는 정말 카오산 로드에서 내가 본 남자들 중에 가장 멋졌어. 다음날 어떤 식당에서 점심을 먹는데 누가 식당 앞을 지나가며 나를 아는 척하는 거야. 어제 그 남자였어. 같이 식사를 하고 아무튼 그후로 우린 자꾸만 우연히 마주쳤어. 푸켓으로 여행을 갔는데 그 남자가 푸켓까지 찾아왔어. 푸켓에서 시간을 보내다가 사랑하게 되었지. 그 사람이 보이야. (보이는 두 사람이 우연히 마주친 게 아니라 그녀를 보는 순간 첫눈에 반했고 그래서 하루 종일 그녀를 따라다녔다고 한다. 그녀가 자주 들르는 길과 장소를 파악하고 우연처럼 마주치기 위해 일부러 그녀 앞을 오가고. 역시 고전적인 수법의 위력!)
그럼, 너는 자연이 뭐라고 생각해?
자연은 항상 나를 반갑게 맞이해. 그리곤 나의 생각을 맑게 해주고 편안하게 하지. 그렇게 자연은 늘 나에게 지혜를 줘.
네게 가장 소중한 건 뭐니?
여기(PM Sprit shop)에서 일하는 것, 손님이기도 하고 친구이기도 한 사람들을 도와주거나 함께 즐거운 시간을 보내는 것.
네 인생에서 가장 행복한 때는 언제니?
남자친구랑 시간을 보낼 때 가장 행복해, 지금처럼. 봄이 오면 일본으로 돌아갔다가 보이와 결혼해서 빠이에서 살 생각이야.
네 인생에서 최고의 선택은 뭐였다고 생각해?

빠이에 와서 살기로 결정한 것.
만약 원하는 건 뭐든지 될 수 있다면 넌 무엇이 되고 싶니?
지금과 같은 듯 그러나 다시 보면 다른 듯한, 어떤 것.
신혼여행을 간다면 어디로 가고 싶어?
이비사(Ibiza: 스페인의 아름다운 섬으로 댄스 파티로 유명하다.)
네가 좋아하는 건 뭐니?
사랑스럽고 아름답다면 무엇이든!
여행할 때 반드시 갖고 가는 게 있니?
춤을 추기 위한 예쁘고 깜찍한 드레스.

죽기 전에 꼭 가보고 싶은 곳?
죽기 전에 꼭 내 두 눈으로 오로라를 볼 테야.
죽기 전에 꼭 하고 싶은 것?
레이브 파티와 축제를 좇아서 전세계를 돌아다니고 싶어.
네가 가진 세 가지 보물은 뭐니?
가족, 애인, 그리고 친구들.
인류에게 전하고 싶은 말이 있다면 한마디 해줄래?
계속 사랑하세요. 그리고 사랑하는 것을 멈추지 마세요.
혹시 한국인들에게 묻거나 하고 싶은 말이 있니?
빠이로 오세요. 어쩌면 이곳에서 당신의 삶이 달라질지도 몰라요.

이름_ 보이(푸키팟 미캄) | 나이_ 34세
국적_ 태국 | 고향_ 방콕 | 직업_ 숍 오너 | 체류기간_ 4년째

당신이 행복하면 나도 행복해!

보이, 넌 빠이에 왜 왔니?

빠이엔 수많은 숨겨진 폭포들과 개울이 있고 또 수많은 비경과 즐거움이 있지. 그래서 빠이를 사랑하게 되었어.

네게 빠이는 뭐지?

빠이가 가족이고 친구야.

언제 즈음의 빠이가 제일 아름다워?

제일? 글쎄, 빠이는 항상, 최고로 아름다워, 정말이야. 하하하.

10년 후 빠이의 모습은 어떻게 되어 있을까?

같은 강물에 발을 두 번 담글 수는 없잖아. 시간은 결코 멈춰주지 않으니까. 그러니 10년 후의 나도, 빠이도 어떻게 변해 있을지는 그 누구도 알 수 없어.

다른 사람들에게 추천하고 싶은 장소 세 군데가 있다면 말해줄래?

사찰 그리고 폭포와 온천. 단, 관광객들에게 알려진 곳이 아닌 숨겨진 곳들. 궁금하면 내게 물어봐. 난 늘 '피엠 스피릿 숍(PM Sprit shop)'에 있으니까.

빠이에 온 사람들이 반드시 해야 할 것이 있다면?

산다는 것이 얼마나 아름다운가를 만끽할 수 있길 바라.

너를 행복하게 해주는 게 뭐니?

당신이 행복하면 나도 행복하다. 그게 내 대답이야.

넌 여행이 뭐라고 생각해?

세상을 돌아다니며 자신의 인생에 웃음을 더하고, 휴식을 취하고, 삶을 즐기는 것.

너는 사랑이 뭐라고 생각해?

서로를 돌봐주고 서로를 이해하는 것, 그것이 사랑이야.

그럼, 너는 자연이 뭐라고 생각해?
이미 내 안에 있는 것.
네게 가장 소중한 건 뭐니?
아름다운 생각을 하고, 선한 행동을 하는 것.
네 인생에서 가장 행복한 순간은 언제였어?
내 여자친구 마이와 함께 있는 모든 순간, 순간들.
네 인생에서 최고의 선택은 뭐였다고 생각해?
대학을 졸업하고 공무원이 되었어. 한 해, 두 해… 내 인생이 흘러가는데 내가 원하던 그런 삶을 살고 있다는 생각이 들지 않았어. 그래서 공직을 그만두었어. 그리곤 빠이로 와서 새로운 일을 배웠어. 보석 액세서리를 만드는 일이었지. 전혀 다른 일이었지만 어머니께서도 지금 나의 일을 좋아하셔서. "네가 행복하면, 나도 행복하다."고 하셔. 게다가 보석 액세서리 만드는 것을 배우던 무렵, 곧 내 아내가 될 여인, 마이를 만났지. 그래, 내 인생 최고의 선택은 내가 공무원을 그만두고 새로운 일을 시작하기로 한 그 순간이야.

만약 원하는 건 뭐든지 될 수 있다면 넌 무엇이 되고 싶니?
자연.
신혼여행을 간다면 어디로 가고 싶어?
"만약"이란 게 가능하다면 마이와 세계를 다 둘러보고 싶어.
네가 좋아하는 건 뭐니?
웃음을 터트리거나 웃는 걸 바라보기.
네가 싫어하는 건 뭐니?
슬픔.
네 인생에서 가장 흥미로운 사람은 누구니?
매일매일 마주치는 내 주변의 모든 사람들이 흥미로워.
여행할 때 반드시 너와 함께 가는 게 있니?
불상, 사랑하는 이의 사진, 노트북과 음악.
죽기 전에 꼭 가보고 싶은 곳?
나의 다음 생을 볼 수 있는 곳.
네가 가진 세 가지 보물은 뭐니?
멋진 삶, 가족, 사랑.
인류에게 전하고 싶은 말이 있다면 한마디 해줄래?
고마워요.

이름_ 존 | 나이_ 45세
국적_ 아일랜드 | 고향_ 아리칸드(iricand) | 직업_ 헌책방 주인(siambooks)
체류기간_ 8년

행복을 찾아서 이곳으로 왔지!

존, 넌 빠이에 왜 왔니?
삶의 행복을 찾아서 이곳으로 왔지!
빠이란 마을은 너에게 어떤 곳이니?
마음(정신)이 머무르는 곳.
언제 즈음의 빠이가 가장 아름다워?
10월이 가장 아름다운 것 같아. 벼가 익는 계절이지. 그 무렵엔 빠이의 온 들판이 황금빛이야.
10년 후 빠이의 모습은 어떻게 되어 있을까?
글쎄, 어쩌면 거대한 휴양지가 되어 있을 수도.
다른 사람들에게 추천하고 싶은 장소 세 군데가 있다면 말해줄래?
반 벤 자롱(Ban ben jarong), 아미도 피자집(Amido pizza), 타이 어드벤처 래프팅(Thai adventure rafting).
빠이에 온 사람들이 하지 말았으면 하는 것이 있다면 뭐니?
헬멧을 착용하지 않고 오토바이나 스쿠터를 타지 않았으면 좋겠어. 어디서나 자신의 안전은 스스로 지켜야 돼.
그럼 빠이에 온 사람들이 반드시 해야 할 것이 있다면?
스스로, 마음껏, 빠이를 즐기길 바라.
너를 행복하게 해주는 게 뭐니?
멋진 질문이군. 그에 대한 내 대답은 '태국에서 사는 것' 이야.
넌 여행이 뭐라고 생각해?
나는 문화충격을 즐긴다네.
너는 사랑이 뭐라고 생각해?
사랑은 존중이다. 그 의미를 알고 싶다면 서미셋 모옴의 〈요양원 Sanatorium〉을 펼치고 마지막 페이지를 꼭 읽어보길 바라.

그럼, 너는 자연이 뭐라고 생각해?
나를 둘러싼 모든 것과 조화를 이루고 살아가는 것, 그것이 자연이지.
만약 원하는 건 뭐든지 될 수 있다면 넌 무엇이 되고 싶니?
상상할 수 없을 정도의 부자가 되고 싶은데 그 돈을 어디에 쓸지는 네 상상에 맡길 게. 하하하.
네 인생에서 가장 행복한 때는 언제였어?
태국과 빠이에서 보낸 지난 10년간!
네 인생에서 최고의 선택은 뭐였다고 생각해?
회사원이나 공무원이 되는 대신 이른 나이에 내 사업을 시작한 것.
다시 신혼여행을 간다면 어디로 가고 싶어?
솝퐁(Soppong: 빠이와 매홍손 사이에 있는 작은 휴양 마을)
네가 가장 좋아하는 건 뭐니?
서머셋 모옴(대표작으로 〈달과 6펜스〉가 있으며, 작품은 프랑스를 떠나 타히티 섬에서 그림을 그리며 살았던 고갱의 삶을 기반으로 했다.)과 그의 작품들.
네가 싫어하는 건 뭐니?
휴브리스(hubris: 문명비평가 토인비가 역사 해석학 용어로 사용하면서 유명해진 용어. 신의 영역까지 침범하는 오만을 뜻하는 그리스어에서 유래. 토인비는 역사가 창조적 소수에 의해 바뀌지만 일단 역사를 바꾸는 데 성공한 창조적 소수가 자신의 과거 성공 경험을 과신해 자신의 능력과 방법을 절대적 진리로 여기다가 실패하는 경우를 휴브리스로 규정. 그후 휴브리스는 과거의 성공 경험에 집착해 실패의 오류를 범하는 사람들을 통틀어 일컫는 말로 확대. 휴브리스형 인간의 예는 정치 · 사회 · 경제 · 문화 등 각종 다양한 영역에서 나타날 수 있다.)

네 인생에서 가장 흥미로운 사람은 누구니?
내가 책에서 읽었던 모든 사람들.

여행할 때 반드시 너와 함께 가는 게 있니?
아이팟, 매너, 그리고 여권.

죽기 전에 꼭 가봐야 할 곳은?
딜리 광장(Dealy plaza: 존 F. 케네디 대통령 암살지).

네가 가진 세 가지 보물은 뭐니?
아내(태국인)와 아이들 그리고 건강.

인류에게 전하고 싶은 말이 있다면 한마디 해줄래?
우리는 그동안 인간의 소중함을 지나치게 과장해 왔답니다.

이름_ 메리 | 나이_ 70세
국적_ 영국 | 고향_ 스코틀랜드 | 체류기간_ 3개월

오래된 친구처럼 푸근한 곳

메리 할머니는 빠이에 어떻게 오게 되셨어요?

빠이에 사는 아들네를 방문하러 왔어.

당신에게 빠이는 어떤 곳이죠?

오래된 친구처럼 푸근한 곳.

다른 사람들에게 추천하고 싶은 장소 세 군데가 있다면 말해줄래요?

올 어바웃 커피, 위칭 웰, 굿 라이프 소이 원 플라자, 빠이 시암 숍.

빠이에 온 사람들이 하지 말았으면 하는 것이 있다면 뭐죠?

길거리에서 웃통 벗고 다니는 짓은 삼갔으면 좋겠어. 여긴 유럽이 아니니까.

그럼 빠이에 온 사람들이 반드시 해야 할 것이 있다면?

빠이의 자연스럽고 아름다운 분위기를 흠뻑 즐기기.

당신은 여행이 뭐라고 생각하세요?

경험이지. 우리 삶의 모든 것들도 경험이고, 그래서 삶은 여행이야.

당신은 사랑이 뭐라고 생각하시죠?

세상 모든 사람들을 자신의 가족처럼 생각하면, 그게 사랑이야. 세상 모든 동식물을 자신의 친구처럼 생각하면, 그게 사랑이야.

당신은 자연이 뭐라고 생각하세요?

나는 '그것'을 사랑해.

당신 인생에서 최고의 선택은 뭐였다고 생각하세요?

내 남편과 결혼한 것. 호호호.

당신 인생에서 가장 흥미로운 사람은 누군가요?

내 남편. 호호호.

인류에게 전하고 싶은 말이 있다면 한마디 해주실래요?

서로 사랑하고 평화로움 속에서 당신의 삶을 살길 바랍니다.

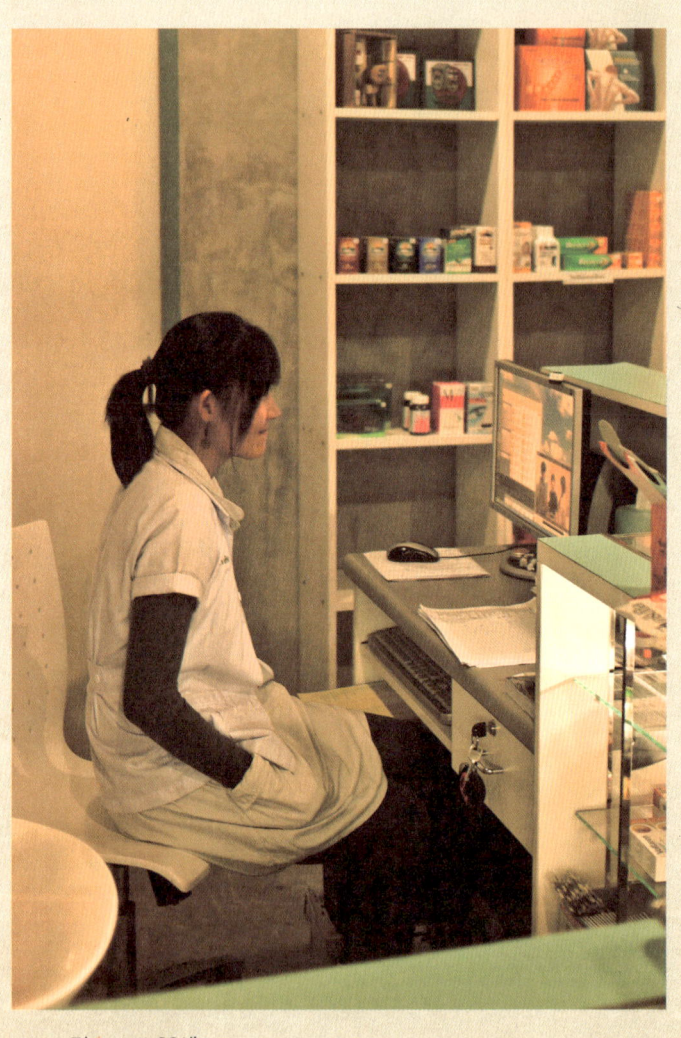

이름_ 민 | 나이 32세
국적_ 태국 | 고향_ 람푼 | 직업_ 약사 | 체류기간_ 9년째

하지 말아야 할 것은 아무것도 없어

민, 넌 빠이에 어떻게 오게 되었니?
대학을 마치고 빠이 병원의 약사로 오게 된 게 처음이었지.
지금 네게 빠이는 어떤 곳이지?
나의 집.
넌 언제 즈음의 빠이가 제일 아름답다고 생각해?
내 기분이 좋다면 언제든 빠이는 아름다워. 하하하.
10년 후 빠이의 모습은 어떻게 되어 있을까?
알 수 없지만 한 가지 확실한 건, 빠이도 다른 모든 것들처럼 늘 변하고 있다는 사실이야.
다른 사람들에게 추천하고 싶은 장소가 있다면 말해줄래?
빠이 주변의 소수 부족 마을들과 그곳으로 가는 길들 그리고 저녁에는 시내 어디든지.
빠이에 온 사람들이 하지 말았으면 하는 것이 있다면 뭐니?
당신이 하지 말아야 할 것은 아무것도 없어.
그럼 빠이에 온 사람들이 반드시 해야 할 것이 있다면?
당신이 진정 원한다면 그것이 무엇이든지 할 수 있는 자유가 있지.
너를 행복하게 해주는 게 뭐니?
좋은 감정, 분위기, 음식들.
넌 여행이 뭐라고 생각해?
'내가 소유하고 있는 것'으로부터 벗어나기 위해 다양한 장소에 가서 많은 것을 보는 것.
너는 사랑이 뭐라고 생각해?
좋은 느낌들.
그럼, 너는 자연이 뭐라고 생각해?

늘 변화하는 것.

네게 가장 소중한 건 뭐니?

없어.

네 인생에서 최고의 선택은 뭐였다고 생각해?

인간으로 태어난 것.

만약 원하는 건 뭐든지 될 수 있다면 넌 무엇이 되고 싶니?

인간.

네가 좋아하는 건 뭐니?

없어.

네가 싫어하는 건 뭐니?

없어.

네 인생에서 가장 흥미로운 사람은 누구니?

부처.

죽기 전에 꼭 하고 싶은 것?

여행.

인류에게 전하고 싶은 말이 있다면 한마디 해줄래?

인류는 '인간'으로 태어나지만 또한 스스로를 '인간'으로 만들어야 하는, 즉 스스로가 스스로를 만들어야 하는 유일한 종(種)이랍니다.

이름_ 사라 | 나이_ 24세
국적_ 호주 | 고향_ 멜버른 | 직업_ 학생 | 체류기간_ 2일

자연은 자연이다

사라, 넌 빠이에 어떻게 오게 되었니?
집 떠나고 태국에서만 5주째 여행 중인데 여러 곳에서 여러 여행자들이 빠이에 가보라는 얘기를 해주었어. 다들 무척 아름다운 산골마을이라고 추천하더군. 그래서 이곳에 오기로 한 거야.

네게 빠이는 어떤 곳이지?
좋은 친구들과 아름다운 사람들이 있는 곳.

넌 언제 즈음의 빠이가 제일 아름답다고 생각해?
난 겨우 어제 저녁에 여기에 도착했어. 하하하. 이제 곧 보게 되겠지.

10년 후 빠이의 모습은 어떻게 되어 있을까?
너무 많은 여행자들이 이곳에 오지 않을까. 걱정돼.

다른 사람들에게 추천하고 싶은 장소 세 군데가 있다면 말해줄래?
어제 오늘 사이에 갔던 곳 중에서 고르자면, 우선 옐로 선 바(Yellow sun Bar), 돈 크라이 바(Don't cry Bar), 둘 다 술집이네. 하하하. 그리고 폭포.

빠이에 온 사람들이 반드시 해야 하는 게 있다면?
웃고 자신의 삶을 즐기는 것.

너를 행복하게 해주는 게 뭐니?
새로운 친구들을 만나고, 함께 웃고, 세상을 탐험하는 것.

넌 여행이 뭐라고 생각해?
서로 다른 문화를 배우고 이해하는 것.

너는 사랑이 뭐라고 생각해?
자기 자신을 포함해서 주변 사람들을 돌보는 것.

그럼, 너는 자연이 뭐라고 생각해?
자연은 자연이다.

네게 가장 소중한 건 뭐니?
가족과 좋은 친구들.
네 인생에서 가장 행복한 때는 언제니?
집 떠나고 최근 5주 동안이 내 인생에서 젤 즐거웠어! 하하하.
네 인생에서 최고의 선택은 뭐였다고 생각해?
내 연인, 세인을 만난 것.
만약 원하는 건 뭐든지 될 수 있다면 넌 무엇이 되고 싶니?
의상 디자이너.
신혼여행을 간다면 어디로 가고 싶어?
다른 곳으로 갈 필요가 없어. 하하하. 태국이 세인과 나의 신혼여행지가 되어버렸어.

네가 좋아하는 건 뭐니?
인간.
네가 싫어하는 건 뭐니?
주변 사람들과 주변 환경을 존중하지 않는 사람들.
네 인생에서 가장 흥미로운 사람은 누구니?
나의 연인, 세인. 왜냐하면 그는 항상 나에게 새로운 것을 가르쳐줘.
여행할 때 반드시 갖고 가는 게 있니?
배낭과 화장지.
죽기 전에 꼭 가보고 싶은 곳?
일본, 유럽, 아시아의 여러 나라들.
죽기 전에 꼭 하고 싶은 것?
내가 할 수 있는 건 뭐든지 다 해보고 싶어.
네가 가진 세 가지 보물은 뭐니?
가족, 친구, 지식.
인류에게 전하고 싶은 말이 있다면 한마디 해줄래?
여행은 당신을 수평적으로 넓게 해줄 것입니다. 주변 사람과 당신 자신에게 늘 웃고 잘 해주시길.

이름_ 세인 | 나이_ 25세
국적_ 호주 | 고향_ 멜버른 | 직업_ 컴퓨터 기술자 | 체류기간_ 2일

이봐 친구, 우리 맥주나 한잔 할까!

세인, 넌 빠이에 어떻게 오게 되었니?
사라와 함께 태국을 여행하다가 우연히 오게 되었어.
네게 빠이는 어떤 곳이지?
태국의 너무나 조용한 시골 마을, 근데 도무지 사랑하지 않을 수 없는 장소.
넌 언제 즈음의 빠이가 제일 아름답다고 생각해?
바로 내가 도착한, 어젯밤!
다른 사람들에게 추천하고 싶은 장소 세 군데가 있다면 말해줄래?
다른 데는 모르겠고, 일단 옐로 선 바(Yellow Sun Bar).
빠이에 온 사람들이 반드시 해야 하는 게 있다면?
맥주를 마시는 거지!
너를 행복하게 해주는 게 뭐니?
사람들을 만나는 것.
넌 여행이 뭐라고 생각해?
신기하고도 놀라운 모험.
너는 사랑이 뭐라고 생각해?
편안함.
그럼, 너는 자연이 뭐라고 생각해?
자연은, 그대로 자연이지.
네게 가장 소중한 건 뭐니?
나의 연인, 사라.
네 인생에서 가장 행복한 때는 언제니?
그건 누구에게도 말해줄 수 없어, 비밀! 하하하.

네 인생에서 최고의 선택은 뭐였다고 생각해?
내가 내린 모든 선택이 늘 최고의 선택이었어!
만약 원하는 건 뭐든지 될 수 있다면 넌 무엇이 되고 싶니?
자유!
네가 좋아하는 건 뭐니?
모든 사람들.
네가 싫어하는 건 뭐니?

아무것도 없어.

네 인생에서 가장 흥미로운 사람은 누구니?

내가 만나는 모든 사람들이 흥미로워.

여행할 때 반드시 갖고 가는 게 있니?

배낭.

죽기 전에 꼭 가보고 싶은 곳?

가능한 한 많은 곳!

죽기 전에 꼭 하고 싶은 것?

스카이 다이빙.

네가 가진 세 가지 보물은 뭐니?

나의 육신과 두뇌와 영혼.

인류에게 전하고 싶은 말이 있다면 한마디 해줄래?

이봐 친구, 우리 맥주나 한잔할까!

이름_ 에밀리 | 나이_ 24세
국적_ 스웨덴 | 고향_ 마우리 | 직업_ 보석 아티스트 | 체류기간_ 7일째

성스럽고 신비로운 곳 '빠이'

에밀리, 넌 빠이에 어떻게 오게 되었니?

전세계를 여행하고 돌아온 내 친구들이 알려줬어. 아시아 여행을 하게 되면 꼭 빠이에 가보라고.

네게 빠이는 뭐지?

빠이는 정말 아름다운 마을인데, 아름답다는 표현으로는 부족하고, 뭐랄까, 성스럽고 신비롭다고 해야 하나? 이곳에서 지낸 지 일주일밖에 되지 않았지만 난 빠이를 정말 사랑하게 되었어. 시내도 맘에 들지만 시내를 벗어나 외곽으로 나가서 마주치게 되는 자연은 정말 놀라워. 친구들에게 듣던 그대로야. 이곳에 오길 정말 잘했어.

언제 즈음의 빠이가 가장 아름다워?

크리스마스 시즌부터 새해를 맞이할 무렵, 수많은 풍등이 별자리처럼 올라가서 밤하늘을 은하수처럼 흘러갈 땐 정말 환상적이었어. 스쿠터나 오토바이를 타고 시내를 벗어나는 것도 좋아. 모든 길들이, 풍경들이 다 아름다워.

다른 사람들에게 추천하고 싶은 장소 세 군데가 있다면 말해줄래?

더 월드 티 하우스(The world tea house), 돈 크라이 바(Don't cry bar), 운래 뷰포인트(viewpoint on top of mountain)

빠이에 온 사람들이 반드시 해야 할 것이 있다면?

우선 스쿠터나 오토바이를 빌릴 것. 그리고 시내를 벗어나 마음 내키는 대로 달리고 구경할 것.

너를 행복하게 해주는 게 뭐니?

좋은 사람들 그리고 사랑.

사랑이 뭐라고 생각해?

이 세상의 모든 것.

여행은 뭐라고 생각해?
세상의 여러 장소들을 보고 내 안의 여러 모습을 만나는 것.
그럼, 너는 자연이 뭐라고 생각해?
사람의 손을 타지 않은 장소나 동물 그리고 식물들.
네 인생에서 가장 행복한 순간은 언제였어?
지난해 하와이에서 보낸 크리스마스는 결코 잊을 수 없을 거야!
네 인생에서 최고의 선택은 뭐였다고 생각해?
스웨덴의 마우러 시로 이사를 간 것.
만약 원하는 건 뭐든지 될 수 있다면 넌 무엇이 되고 싶니?
나는 이미 되었는걸. 지금의 '나' 말이야.
신혼여행을 간다면 어디로 가고 싶어?
카우아이 섬(Kauai Island: 하와이 제도의 네 번째 큰 섬으로 2800년 전 화산 활동으로 만들어졌으며 멋진 계곡과 폭포가 장관을 이룬다.)
네 인생에서 가장 흥미로운 사람은 누구니?
내 남자친구, 크리스토퍼.
여행할 때 반드시 갖고 가는 건 뭐니?
당연히, 나 자신이지!
죽기 전에 꼭 가보고 싶은 곳은?
남미, 그리고 무엇보다 아마존에 꼭 가고 싶어.
인류에게 전하고 싶은 말이 있다면 한마디 해줄래?
우리는 모두 선한 의지로 만들어진 존재랍니다.

이름_ 와나라이 | 나이_ 56세
국적_ 태국 | 고향_ 치앙마이 | 직업_ 옷가게 주인

작지만 우아한 마을이지

와나라이, 빠이엔 어떻게 오게 되었어요?
난 빠이에서 교사생활을 했지. 난 이 마을이 좋아. 여전히 아름다운 자연환경을 간직하고 있는 곳이고. 지금은 빠이 시내에서 소수 부족민들이 만든 삼베옷 파는 가게(THC Peace in PAI- The Hemp Connection)를 운영하고 있지.

당신은 빠이가 어떤 곳이라고 생각해요?
많은 예술가들, 정겨운 소수 부족민들, 아름다운 자연환경 속에서 휴식을 취할 수 있는, 작지만 우아한 마을.

언제 즈음의 빠이가 제일 아름답죠?
모든 계절이 다 아름다워. 무엇보다 빠이는 각각의 계절에 따라 다른 풍취를 자아내는 곳이거든.

10년 후 빠이의 모습은 어떻게 변해 있을까요?
적어도 하이시즌(11~2월) 무렵의 휴가철엔 지금보다 더 많은 태국 관광객들이 찾아올 거야. 그래서 더 많은 장소들과 숙소들이 붐비겠지.

다른 사람들에게 추천하고 싶은 장소 세 군데가 있다면 말해주세요?
온천, 폭포, 빠이 캐니언.

빠이에 온 사람들이 하지 말았으면 하는 것이 있다면?
먹고 놀고 나서 반드시 치워주시기를.

그럼 빠이에 온 사람들이 반드시 해야 할 것이 있다면?
자연의 경이로움을 느끼는 데 더 많이 마음을 기울이고, 태국 소수 부족 문화에도 관심을 갖고, 또 그것을 배우길 바라.

당신을 행복하게 하는 건 뭐죠?
사방이 산들로 둘러싸인 산의 품안에서 깨어나는 것. 그리고 다른 지역에선 결코 맡을 수 없는 신선한 공기를 늘 마실 수 있다는 것이 행

복이야.
당신은 여행이 뭐라고 생각하세요?
자신을 둘러싼 주변 환경에 대해 보고 배우고, 자신이 방문한 장소의 아름다움을 즐기는 것. 지금 내겐 빠이가 예전 모습을 유지할 수 있도록 가능한 한 느리게 변화하도록 돕는 것이. 나의 여행이야.
당신은 사랑이 뭐라고 생각하세요?
사랑은 그저 주는 것이지. 돌려받는 것은 전혀 바라지 않으면서.
당신은 자연이 뭐라고 생각하세요?
자연은 원래 있던 그대로 존재하는 모든 것이며. 정신적인 것이든 물질적인 것이든 세상의 유독한 것들을 정화시켜 주지.
당신에게 가장 소중한 건 뭐죠?

내 생명이 다할 때까지 다음 세대를 위해서 자연이 온전히 유지되도록 하는 것.

당신 인생에서 가장 행복한 때는 언제예요?

애인과 함께 아름다운 곳에서 여행을 하고 있을 때지. 호호호.

당신 인생에서 최고의 선택은 뭐였다고 생각해요?

다른 나라를 방문할 기회가 많은 직업을 가졌던 것.

만약 원하는 건 뭐든지 될 수 있다면 당신은 무엇이 되고 싶어요?

나는 멋진 가수나 뛰어난 디자이너가 되고 싶어.

신혼여행을 다시 간다면 어디로 가고 싶으세요?

티벳, 부탄, 몰디브.

당신이 좋아하는 건 뭔가요?

사라져 가는 태국 문화에 관심 있는 사람들. 그리고 그런 아름다운 문화가 계속 유지될 수 있도록 함께 노력하는 것.

당신이 싫어하는 건 뭐예요?
내 나라를 운영하고 있는 정치인들의 부패와 이 땅을 황폐하게 만드는 것들.

당신 인생에서 가장 흥미로운 사람은 누구인가요?
태국 국왕.

여행할 때 반드시 갖고 가는 것은 뭐예요?
약간의 옷과 각종 여행준비물들로 가득 찬 배낭.

죽기 전에 꼭 가보고 싶은 곳?
부탄, 티벳, 아마존, 아프리카.

당신이 가진 세 가지 보물은 뭐예요?
나의 부모님, 나의 가족, 나의 아이들.

인류에게 전하고 싶은 말이 있다면 한마디 해주실래요?
인간이 동물보다 더 큰 두뇌를 가지고 있습니다. 그래서 우리는 더 큰 두뇌로 더 많은 애정과 더 좋은 생각을 만들어 낼 수 있어요.

혹시 한국인들에게 묻거나 하고 싶은 말이 있다면?
한국은 원래 하나의 나라였는데 왜 아직도 북한, 남한으로 갈라진 채 분단으로 인한 문제를 읽으기죠? 그리고 태국과 태국 사람들에 대해서 어떻게 생각하세요. 태국 요리를 좋아하나요. 읽어주셔서 감사해요. 지금까지 삼베옷을 피는 와나나이었습니다. 호호호.

이름_ 카를로 | 나이_ 51세
국적_ 미국 | 고향_ 멕시코주 | 직업_ 건축 디자이너 | 체류기간_ 2002년 1월부터 지금까지

빠이엔 내가 꿈꾸는 편안함이 있어!

카를로, 빠이에 왜 오게 되었어요?
평화, 순수 그리고 조용한 삶과 사랑을 위해서.
당신에게 빠이는 뭐죠?
내가 꿈꾸던 편안함의 모든 것.
언제 즈음의 빠이가 가장 아름다워요?
호우 시절, 빠이의 우기는 정말 아름답지.
10년 후 빠이의 모습은 어떻게 되어 있을까요?
끔찍, 나는 그 모습을 미리 상상하고 싶지 않아.
다른 사람들에게 추천하고 싶은 장소 세 군데가 있다면 말해줄래요?
부멜리식스 레스토랑(Boomelicies), 톰스 엘러펀트 캠프(Thom's elephant camp), 그리고 야외온천들.
빠이에 온 사람들이 하지 말았으면 하는 것이 있다면 뭐죠?
자신의 차나 트럭을 가지고 와서 운전하는 것. 차나 트럭은 빠이에 있는 것만으로도 충분해.
그럼 빠이에 온 사람들이 반드시 해야 할 것이 있다면요?
걷고, 자전거를 타고, 재활용하기.
당신을 행복하게 해주는 게 뭐죠?
내 아이들이 뛰노는 모습, 해 뜨는 것, 그리고 꽃들.
당신은 여행이 뭐라고 생각해요?
새로운 장소로 가는 것.
사랑이 뭐라고 생각해요?
따뜻하게 감싸주기, 쓰다듬기, 돌봐주기.
그럼 당신은 자연이 뭐라고 생각해요?
물, 바람, 태양, 동물들, 소리들.

당신에게 가장 소중한 건 뭐죠?
해 뜨는 것. 매일 해가 뜨는 것처럼 소중하고 멋진 건 없어. 매일!
당신 인생에서 가장 행복한 순간은 언제였어요?
지금.
인생에서 최고의 선택은 뭐였다고 생각해요?
미국을 떠난 것.
만약 원하는 건 뭐든지 될 수 있다면 무엇이 되고 싶어요?
있는 그대로의 나.
당신 인생에서 가장 흥미로운 사람은 누구예요?
내 아이들.
여행할 때 반드시 갖고 가는 게 있다면?
칫솔.
죽기 전에 꼭 가보고 싶은 곳은?
일본과 인도.

이름_ 누이브 | 나이_ 37세
국적_ 태국 | 고향_ 치앙마이 | 직업_ 재활용 기념품 가게 주인 | 체류기간_ 7년

"마음을 달래고 푹 쉬세요"

누이브, 넌 빠이에 왜 왔니?
내 고향은 치앙마이고 내 남편의 고향은 빠이야. 대학을 졸업하고 스위스와 대도시에서 일을 하며 지내다 남편의 고향으로 내려와 살기로 했어. 우리 가게 3R 숍을 운영하면서. 처음엔 집에서 쓰던 커튼 천을 재활용해서 가방이나 옷을 만들어 팔았지. 우리 가게의 물건들 대부분은 그렇게 만들어진 거야. 남편의 대학 시절 전공은 디자인이었고 내 전공은 영어였지. 우린 일 년에 4~5개월, 그러니까 11월부터 3월까지 거의 하이시즌에만 가게를 열어. 가게를 열지 않는 시간엔 디자인을 하기 위한 아이디어를 구상하고 그 아이디어를 실현해서 옷과 가방과 다양한 기념품들을 만들며 시간을 보내지.

네게 빠이는 어떤 곳이지?
빠이는 친절하고 아름다운 사람들이 살아가는 산 아래 작은 마을.

언제 즈음의 빠이가 제일 아름답다고 생각해?
5~6월부터 8~9월 사이. 난 우기 때의 빠이가 제일 아름다워. 아침에 한바탕 비가 쏟아지고 난 후 한낮의 싱그러운 공기. 그리고 해 진 후 다시 비가 쏟아질 때의 정취.

10년 후 빠이의 모습은 어떻게 되어 있을까?
만물은 변해. 많은 사람들이 오고, 모든 것들이 변해. 지금처럼 작고 사랑스러운 마을로 남아 있진 않겠지.

빠이에 온 사람들이 하지 말았으면 하는 것이 있다면 뭐니?
모두들 이기심을 버리길 바라.

그럼 빠이에 온 사람들이 반드시 해야 할 것이 있다면?
산들바람을 즐기고 마음을 달래고 휴식을 취하는 것.

너를 행복하게 해주는 건 뭐니?

긍정적인 생각과 나의 고양이의 재롱이야.
다른 사람들에게 추천하고 싶은 장소 세 군데가 있다면 말해줄래?
음, 딱 한 곳을 추천할까 해. 언덕 위의 메엔 템플!
넌 여행이 뭐라고 생각해?
난 대도시나 명승지보다는 오로지 자연풍경이 아름다운 곳을 뜻 맞는 친구들과 이리저리 돌아다니는 걸 좋아해.

자연은 뭐라고 생각하는데?
자연은 내게 평화로움, 그 자체야.
너는 사랑이 뭐라고 생각해?
사랑은 오직 주고 그리고 용서하는 것이지.
네게 가장 소중한 건 뭐니?
나의 아들 컨쿤인데, 사람이 아닌 고양이야. 하하하.
네 인생에서 가장 행복한 순간은 언제였어?
컨쿤과 지내는 모든 시간들이 행복하지. 하하하.
만약 원하는 건 뭐든지 될 수 있다면 넌 무엇이 되고 싶니?
나는 한 번도 나 아닌 다른 존재가 되고 싶었던 적이 없었어. 나는 나 자신을 사랑해.
네가 좋아하는 건 뭐니?
좋아하는 건 무척 많아. 고양이, 재활용해서 기념품 만들기, 비 오는 풍경 바라보기 등등.
네가 싫어하는 건 뭐니?
진실하지 않은 사람들.
네 인생에서 가장 흥미로운 사람은 누구니?
태국의 왕.
여행할 때 반드시 너와 함께 가는 게 있니?
아이팟과 카메라를 가장 먼저 챙겨.
인류에게 전하고 싶은 말이 있다면 한마디 해줄래?
모든 인간은 스스로가 생각하는 것보다 더 많거나 더 적은 이기심을 갖고 있더군요.

이름_ 와츠라몬 | 나이_ 38세
국적_ 태국 | 고향_ 방콕 | 직업_ 그래픽 디자이너 | 체류기간_ 7년(거주 기간 10년)

다른 그 무엇도 되고 싶지 않아!

와츠라몬, 넌 어떻게 빠이에서 지내게 되었니?
빠이가 예쁘고 조용해서 10년 전 이곳으로 이사를 왔어. 난 그림 그리기를 좋아해. 그래서 내가 그린 그림들로 기념품을 만들고 내 가게에서 작품을 팔아서 돈을 벌어.

넌 언제 즈음의 빠이가 제일 아름다워?
난 비를 무척 좋아해. 그래서 우기 때의 빠이를 가장 좋아하지.

10년 전 빠이의 모습과 달라진 점은 무엇이지?
시내에 편의점도 들어서고 은행도 생기고 여러모로 많이 변했지만 시내를 벗어나면 예나 지금이나 별반 달라진 게 없어.

다른 사람들에게 추천하고 싶은 장소 세 군데가 있다면 말해줄래?
빠이를 둘러싼 주변 산들은 어느 곳이든 다 좋으니 둘러보길 바라. 산과 집들이 적당한 거리를 두고 떨어져 있는 모습 그 자체가 아름답지. 특히 해 질 무렵은 정말 아름다워. 아참, 온천에도 꼭 가보길 바라.

빠이에 온 사람들이 하지 말았으면 하는 것이 있다면 뭐니?
당신의 생각이나 내 생각이나 똑같다고 말해주고 싶군.

그럼 빠이에 온 사람들이 반드시 해야 할 것이 있다면?
빠이에선, 마치 숙제하듯 반드시 해야 할 것은 없어. 단지 그동안 해보지 않았던 걸 해보길 바라. 하하하.

너를 행복하게 해주는 게 뭐니?
집에서 음악을 들을 때나 계곡의 물 흐르는 소리를 들을 때, 새를 쳐다보거나 책을 읽을 때, 그리고 그림을 그릴 때, 난 행복해.

너는 사랑이 뭐라고 생각해?
세상에서 제일 중요한 것, 그것이 사랑이야.

그럼, 너는 자연이 뭐라고 생각해?
인간과 가장 가까운 것, 그것이 자연이지.
네 인생에서 가장 행복한 순간은 언제였어?
바로 지금, 이 순간 난 가장 행복해.
네 인생에서 최고의 선택은 뭐였다고 생각해?
매순간, 순간이 최고의 선택을 할 수 있는 기회야. 우리 삶이란 늘 선택의 연속이고 그래서 늘 최고의 선택을 할 수 있는 기회잖아. 인생의 매순간이 기회야.
만약 원하는 건 뭐든지 될 수 있다면 넌 무엇이 되고 싶니?
다른 그 무엇도 되고 싶지 않은걸. 난 지금 행복하고 지금의 나로 만

offee mobile pai

족하거든.
네가 좋아하는 건 뭐니?
정직하고 진실한 사람.
네가 싫어하는 건 뭐니?
거짓말하고 진실하지 못한 사람.
여행할 때 반드시 너와 함께 가는 게 있니?
카메라와 공책 그리고 그림도구를 늘 갖고 다녀. 난 여행하면서 사진 찍고 그림 그리길 좋아하거든. 어떤 풍경이 새로운 작품으로 탄생할지 알 수 없잖아. 여행하면서 입을 옷과 함께 연애소설 한 권도 꼭 챙기지.
죽기 전에 꼭 가보고 싶은 곳?
로마 유물이 있는 이탈리아와 피라미드가 있는 이집트에 가고 싶어.
죽기 전에 꼭 하고 싶은 것?
죽을 때까지 그림 그리기.
네가 가진 세 가지 보물은 뭐니?
가족, 집, 행복.

이름_ 세르트 | 나이_ 43세
국적_ 태국 | 고향_ 방콕 | 직업_ 기념품 가게 주인 | 체류기간_ 8년

운명이야, 아주 멋진 운명!

세르트, 넌 어떻게 빠이에서 지내게 되었니?
방콕을 떠나 내가 빠이에서 살게 된 건 순전히 운명이야. 아주 멋진 운명이지. 하하하.

빠이는 어떤 곳이야?
한적하고 조용한 마을.

넌 언제 즈음의 빠이가 제일 아름다워?
6월에서 8월 사이, 우기 때의 빠이를 가장 좋아해. 관광객이 적긴 하지만 한가함을 즐길 수 있어서 좋아. 우기의 여유라고 할까?

다른 사람들에게 추천하고 싶은 장소 세 군데가 있다면 말해줄래?
팸복 폭포, 쇼팸 길, 무양래 마을, 위앙르아의 해 지는 모습.

빠이에 온 사람들이 하지 말았으면 하는 것이 있다면 뭐니?
자기밖에 모르는 이기적인 행동들을 삼갔으면 해. 우린 다 같이 어울려 살아가고 있고 빠이에서도 다 함께 어울려서 살아가야 빠이의 아름다움을 간직할 수 있어.

그럼 빠이에 온 사람들이 반드시 해야 할 것이 있다면?
나와 다름을 받아들이는 것.

너를 행복하게 해주는 게 뭐니?
난 나무나 화초에 물을 줄 때가 즐거워. 물을 주는 동안 내 몸에서도 생기가 돌아. 자전거 타는 것도 좋아해. 그리고 장사가 잘 될 때도 행복하지. 하하하.

너는 사랑이 뭐라고 생각해?
우리를 행복하게 만들어주는 모든 것. 그것이 사랑이야.

너는 자연이 뭐라고 생각해?
있는 그대로 아름다운 것.

네게 가장 소중한 건 뭐니?
아버지와 어머니를 기쁘게 해드리고 돌봐드리는 것.
네 인생에서 가장 행복한 순간은 언제였어?
항상. 하하하. 난 지금도 행복한걸.
네 인생에서 최고의 선택은 뭐였다고 생각해?
방콕을 떠나 빠이에서 살기로 결정했던 것. 고향을 떠나 낯선 곳으로 삶의 터전을 옮기는 게 쉬운 건 아냐. 그러나 인생에선 결단이 필요한 순간이 있지. 빠이에서 산 지난 8년간 나의 선택이 옳았음을 순간순간 느낄 수 있었어. 사람들은 빠이 시내가 예전보다 복잡해졌다고 하지만 방콕이나 다른 대도시에 비하면 큰 변화가 없다고도 할 수 있지. 난 빠이의 한가로움, 빠이가 주는 여유가 정말 마음에 들어.

만약 원하는 건 뭐든지 될 수 있다면 넌 무엇이 되고 싶니?
이대로 만족하는데 굳이 나 아닌 다른 무언가가 될 필요는 없겠지.
신혼여행을 간다면 어디로 가고 싶어?
아내와 함께라면 어디라도 좋아.
네가 좋아하는 건 뭐니?
자전거를 같이 탈 수 있는 친구.
네가 싫어하는 건 뭐니?
시끄럽고 난잡한 사람들은 가까이하고 싶지 않아.
여행할 때 반드시 너와 함께 가는 게 있니?
카메라.
죽기 전에 꼭 가보고 싶은 곳과 하고 싶은 것은?
아내와 세계여행을 하고 싶어.
네가 가진 세 가지 보물은 뭐니?
부모님, 아내 그리고 우리 가게(PAI REPUBLIC).
한국의 독자들에게 묻고 싶은 질문은?
당신이 마음대로 선택할 수 있다면 당신은 어디서 살고 싶으세요?

이름_ 태국의 잭 스패로우 | 나이_ 35세
국적_ 태국 | 고향_ 깐짜나부리 | 직업_ 엔터테이너 | 체류기간_ 6~7년

빠이를 바꾸고 싶은 사람은 사절!

잭, 넌 빠이에 왜 왔니?
난 단순한 사람, 빠이가 좋아서 왔어요. 하하하.
넌 빠이가 어떤 곳이라고 생각해?
빠이는 사랑하는 사람과 여행하기 정말 좋은 곳이죠.
언제 즈음의 빠이가 제일 아름다워?
일 년 내내 날씨가 다 다르고 각각의 계절마다 좋은 점이 따로 있어요. 가령 10월부터 3월까지 날씨는 서늘하고 그래서 일상생활하기에 가장 좋아요. 4월부터 우기가 시작되기 전까진 너무 더워요. 우기가 시작되면 비가 매일 오는데 정말 예쁘고 시원해요. 3~4개월 동안 매일 아침 저녁으로 한바탕씩 비가 쏟아지는데, 비 개인 후의 날씨는 정말 상쾌하지요.
10년 전 빠이의 모습과 비교하면?
10년 전과 비교하자면 많이 바뀐 건 아니고 조금 바뀌었어요. 물론 시내에 건물이나 상점이 많이 생기고 관광객들도 많아진 건 사실이죠. 그래도 빠이의 예쁜 장소들은 예나 지금이나 똑같아요. 그래서 빠이를 바꾸고 싶은 사람은 오지 않길 바라요.
다른 사람들에게 추천하고 싶은 장소 세 군데가 있다면 말해줄래?
만약 당신이 원한다면 추천하고 싶은 장소는 무궁무진해요. 왜냐하면 빠이엔 여행자들이 원하는 모든 것들이 다 있으니까요.
빠이에 온 사람들이 하지 말았으면 하는 것이 있다면 뭐니?
쓰레기 버리지 마세요. 담배 피우지 마세요. 음악 소리 크게 해놓고 운전지 마세요. 과속운전하지 마세요. 애완동물 데리고 나오지 마세요. 큰소리 내며 싸우지 마세요. 꽃을 꺾지 마세요. 자연을 파괴하지 마세요. 나무와 바위를 훼손하지 마세요. 등산로를 만들지 마세요.

그럼 빠이에 온 사람들이 반드시 해야 할 것이 있다면?
예의를 지켜주시구요, 자연과 조화롭게 지내세요.
너를 행복하게 해주는 게 뭐니?
빠이의 들과 산과 강과 같은 자연 속을 거닐고 여행할 때 행복해요.
넌 여행이 뭐라고 생각해?
아름다운 경치와 다양한 문화를 보고 느끼고 배우는 게 여행이죠. 그러니 우리 후손들도 좋은 경치와 문화를 경험할 수 있도록 자연환경과 많고 다양한 문화를 후손들이 경험할 수 있도록 보호해야 해요.
너는 사랑이 뭐라고 생각해?
우리집에 있는 가구처럼 깨지지 않게 아끼고 보호해야 하는 거죠.(잭은 자신을 모델로 한 사진엽서를 팔고, 판매수익금의 일부를 가난한 어린이들을 돕는 데 기부하고 있었다. 가게 앞에는 기부박스가 별도로 마련되어 있기도 하다. 처음 잭의 기부박스를 봤을 때 나는 그것이 손님들의 동정심을 끌어서 더 많은 엽서를 팔기 위한 수단이 아닐까, 의심했다. 그러나 그와의 인터뷰를 통해 그의 진심을 느끼게 되면서 한때나마 그런 의심을 했던 내가 너무나 부끄러웠다. 그는 진정 약하고 가난한 사람들을 아끼고 보호하고 싶은 마음을 갖고 있었다. 그리고 인터뷰를 한 사람들 중 가장 열심히 인터뷰에 임할 정도로 열정적인 친구였다.)
네게 가장 소중한 건 뭐니?
자연과 어울려 지내는 순간들이 가장 소중해요.
너는 자연이 뭐라고 생각해?
우주에 지구라는 별이 존재한다는 건 정말 신기한 일이죠. 그리고 지구에서 살아가는 여러 가지 식물과 동물과 곤충들을 관찰하면 지구가 이 우주에서 존재할 만한 충분한 가치가 있다는 생각이 들어요.

그리고 그런 지구와 우리가 오래오래 함께 존재하기 위해선 자연을 아끼고 보호해야 해요.

네 인생에서 가장 행복한 순간은 언제였어?
친구들과 어울려 신나게 뗏목 타고, 온천에 몸을 담그고, 강에서 물놀이하고, 동물, 나무, 꽃, 폭포, 불놀이 사진을 찍었을 때.

만약 원하는 건 뭐든지 될 수 있다면 넌 무엇이 되고 싶니?
제비 아니면 날아다니는 사람, 힘이 세고 잘 달리는 사람, 자연을 고치는 사람.

신혼여행을 간다면 어디로 가고 싶어?
좋은 세상을 만들고 싶은, 생각이 나와 같은 사람과 태국의 섬으로.

네가 좋아하는 건 뭐니?
맛있는 음식을 먹고 공기 좋은 곳에서 편하게 지내며 사는 것.

네가 싫어하는 건 뭐니?
음, 지금 특별히 생각나는 게 없어요.

네 인생에서 가장 흥미로운 사람은 누구니?
조니 뎁. 그는 정말 흥미로운 사람이라서 무척 궁금해요. 그래서 난 스스로 태국의 잭 스패로우가 되기로 했어요.

여행할 때 반드시 너와 함께 가는 게 있니?
생필품, 텐트, 손전등, 치약, 칫솔, 라이터, 큰 수건, 편한 옷, 비상약, 호루라기, 칼.

죽기 전에 꼭 가보고 싶은 곳?
가장 깊은 바닷속.

네가 가진 세 가지 보물은 뭐니?
1. 내가 사랑하고 나를 사랑하는 사람들(아버지, 어머니, 친구, 친척, 애

인) 2. 몸과 마음. 좋은 생각이 머리에 있고 좋은 행동을 몸소 실행하는 사람 3. 다른 사람들과 국가를 위하여 좋은 일을 하는 것.

인류에게 전하고 싶은 말이 있다면 한마디 해줄래?

인생에는 추울 때도 있고, 더울 때도 있다는 것을 알아야 해요. 인간은 좋은 사람도 있고 나쁜 사람도 있다는 것을 알아야 해요. 그리고 인간은 도시와 공항과 도로를 만들 듯 세상을 아주 쉽게 만들 수도 있고, 인류와 자연과 도시를 단숨에 파괴할 수 있는 힘도 있지요. 인간은 그런 거대한 힘으로 세상을 변화시킬 수 있어요. 사랑스럽고 평화로운 세상으로. 우리 인간은 지구에 사는 동물 중에서 너무 오랫동안 돌연변이로 살아왔어요.

혹시 한국인들에게 묻거나 하고 싶은 말이 있니?

한국의 높은 사람들은 제 대답에 대해서 어떻게 생각할까요?

이름_ 레미 | 나이_ 33세
국적_ 태국 | 고향_ 치앙마이 | 직업_ 자영업 | 체류기간_ 3년

사랑하는 사람과 함께 있다면
어디든 여행이야!

레미, 넌 빠이에 어떻게 오게 되었니?
빠이의 자연과 생활방식이 마음에 들었어. 그리고 난 작은 시내를 좋아해.

네게 빠이는 뭐지?
산들로 둘러싸인 산속의 작은 도시.

언제 즈음의 빠이가 제일 아름다워?
10월부터 2월까지의 겨울.

10년 전 빠이의 모습과 비교하면?
사람들이 점점 더 많아졌고 생활방식이 현대적으로 변했어. 다른 건 괜찮은데 덕분에 물가가 좀 많이 올랐어.

다른 사람들에게 추천하고 싶은 장소 세 군데가 있다면 말해줄래?
빠이 시내 바깥의 산책길, 빠이 시내 드라이브, 소수 민족이 사는 방빼 마을.

빠이에 온 사람들이 하지 말았으면 하는 것이 있다면 뭐니?
빠이를 더럽히지 마세요.

그럼 빠이에 온 사람들이 반드시 해야 할 것이 있다면?
빠이를 사랑하고 존중하는 것.

너를 행복하게 해주는 게 뭐니?
예쁜 것을 볼 때.

넌 여행이 뭐라고 생각해?
사랑하는 사람과 함께 있다면 어디든 여행이야.

너는 사랑이 뭐라고 생각해?
사랑은 따뜻하고 편안한 것.

너는 자연이 뭐라고 생각해?
초록색.
네게 가장 소중한 건 뭐니?
자유 시간. 각자의 삶에서 진정 자유시간이라고 말할 수 있는 때는 얼마나 될까? 자유시간이란 단순히 시간이 많다는 것을 말하는 게 아냐. 실업자는 시간이 많지. 그렇지만 실업자의 시간을 자유시간이라고 하지는 않잖아. 내가 말하는 자유시간은 온전히 자신이 그 시간의 주인이 되어서 보내는 시간을 뜻해.
네 인생에서 가장 행복한 순간은 언제였어?
여행을 할 때, 그리고 여행에서 돌아와 여행을 추억할 때면 난 행복해져.
만약 원하는 건 뭐든지 될 수 있다면 넌 무엇이 되고 싶니?
농사짓는 사람.
신혼여행을 간다면 어디로 가고 싶어?
인도네시아의 발리와 프랑스.
네가 좋아하는 건 뭐니?
좋은 책 한 권.
네가 싫어하는 건 뭐니?
이기적인 사람.
네 인생에서 가장 흥미로운 사람은 누구니?
자수성가한 부자들.
여행할 때 반드시 너와 함께 가는 게 있니?
난 늘 밤이 되면 방안에 초를 켜두거든. 그래서 여행할 때도 초와 라이터가 필요해.

죽기 전에 꼭 가보고 싶은 곳?
네팔.
죽기 전에 꼭 하고 싶은 것?
여행, 여행, 여행.
네가 가진 세 가지 보물은 뭐니?
생각하는 뇌, 걸어다닐 수 있는 다리, 잡을 수 있는 손.
인류에게 전하고 싶은 말이 있다면 한마디 해줄래?
이봐요, 사람 사는 건 어디나 다 똑같답니다.

이름_ 노코멘트 | 나이_ 나이 많다
국적_ 태국 | 고향_ 방콕 | 직업_ 레스토랑 주인 겸 요리사 | 체류기간_ 9년

처음엔 딱 5일 머물 계획이었어!

당신은 빠이에 어떻게 왔죠?

처음엔 딱 5일 머물 계획을 하고 여행 삼아 왔는데, 너무 좋아서 한 달이나 지내다가 방콕으로 돌아갔어. 빠이가 너무 많이 좋아서 아예 이사를 와버렸어. 그후 9년이 흘렀구나.

빠이는 어떤 곳이죠?

아주아주 조용한 마을. 산속은 자연 그대로야.

언제 즈음의 빠이가 제일 아름다워요?

우기 때.

10년 전 빠이의 모습과 비교하면?

시내는 조금 안 좋게 변했다고 할 수 있지. 많이 변한 건 아니지만 어쨌든 건물이 너무 많아졌어.

다른 사람들에게 추천하고 싶은 장소 세 군데가 있다면?

되도록 느리게 걸어다니고, 자전거를 타고 시내를 돌아보면 스스로 답을 찾게 될 거야.

빠이에 온 사람들이 하지 말았으면 하는 것이 있다면 뭐예요?

강에서 공사하지 마세요. 등산로를 만들지 마세요. 큰소리로 떠들지 마세요. 쓰레기를 아무 데나 버리지 마세요. 산에서 불내지 마세요.

그럼 빠이에 온 사람들이 반드시 해야 할 것이 있다면?

자연을 훼손하지 않는 것.

당신을 행복하게 해주는 건 뭐예요?

조용할 때 자연의 소리는 음악 같아요.

당신은 여행이 뭐라고 생각해요?

낯선 장소로 떠나고, 새로운 사람을 만나고, 다양한 생활방식을 보고⋯.

당신은 사랑이 뭐라고 생각해요?
사랑은 치유하고, 희생하고, 주는 것.
그럼, 당신은 자연이 뭐라고 생각해?
그렇게 그냥 가만히 놔두는 것.

당신에게 가장 소중한 건 뭐예요?
숨을 들이마시고 내쉬는 것.
당신 인생에서 최고의 선택은 뭐였다고 생각해요?
내가 살고 싶은 대로 살고, 내가 하고 싶은 대로 하는 것.
만약 원하는 건 뭐든지 될 수 있다면 당신은 무엇이 되고 싶어요?
지금!
당신 인생에서 가장 흥미로운 사람은 누구예요?
태국의 왕.
여행할 때 반드시 당신과 함께 가는 게 있어요?
마음.
당신이 가진 세 가지 보물은 뭐예요?
건강한 몸, 따뜻한 가족, 빠이의 아름다운 자연환경.
인류에게 전하고 싶은 말이 있다면 한마디 해줄래요?
인간은 움직이고 활동하며 살아가는 존재입니다.
혹시 한국인들에게 묻거나 하고 싶은 말이 있나요?
당신은 왜 책을 읽나요? 책을 읽고 당신은 무엇을 얻나요? 한국영화를 좋아하지만, 한국영화는 대부분 왜 비현실적인가요?

바나나하우스

내가 아폰 상코앗을 만나게 된 것은 운명이었을까요?

빠이에서 장기 체류를 하며 한 시절 보낼 작정이었지만 어느 집에서 묵을지는 결정하지 않았습니다.
무거운 배낭을 내려두고 당장 쉴 게스트하우스를 잡고 오토바이를 렌트해서 하루나 이틀 돌아다니다 보면 마음에 드는 집을 구할 수 있으리라 짐작했어요.
그러니 빠이에 도착한 첫날 게스트하우스를 둘러보다가 바나나하우스에 눌러앉게 된 것은 예정에 없던 일이었지요.

'와이파이 프리, 아침식사 제공, 하루 700바트
=> 350바트 50% 대폭할인' 운운.

여행객을 이끄는 길거리 팻말도,
눈에 띄는 업소 간판도 없던 바나나하우스,
꽃밭 사이로 큰 개 한 마리 어슬렁어슬렁 다가와
내 바지자락을 툭 건드리듯 슬쩍 비비고 지나가던 곳.
꾸미지 않은 듯 꾸민 정원에 물을 뿌리며 웃던 종업원의 미소.
정원도, 목조의 방갈로도, 침대도 깨끗하게 관리되어 있는데
손님을 붙잡으려 안달하지 않는, 야릇한 여유가 흐르던 곳.

자기야, 나는 이 집 마음에 드는 데 너는 어떠니?
응, 나도 이 집이 마음에 들어!

그렇게 우리는 바나나하우스에서
테라스가 딸린 방갈로를 렌트해서 살기로 했어요.
근데 하루, 이틀, 사흘, 일주일….
빠이에서 시간이 지나갈수록 이상한 게 자꾸만 늘어갔어요.
빠이가 여행자들에게 알려지기 시작한 것은 10년 정도.
누군가 강력하게 통제하거나 관리하는 것 같지는 않은데
빠이가 오랫동안 아름다움을 유지하는 이유는 무엇일까?
매년 점점 더 많은 관광객들이 빠이로 모여드는데도
변질되지 않고 유지되는 것은 어떤 사람들의 힘일까?

하루는 워킹 스트리트로 마실을 나갔다가 돌아오는데
바나나하우스에서 신나는 파티가 열리고 있었어요.
주인은 이곳의 유일한 외국인 손님인 우리를 초대했어요.

술 마시며 춤추며 노는 자리를 좋아하는 나는
뒷걸음질하는 아내의 손을 이끌고 테이블 앞에 앉았지요.
태국 전통 음식을 먹고 술을 마시고
태국인들이 즐겨 추는 춤도 따라 추며 웃고 떠들다가
바나나하우스의 주인장 아저씨에게 물었어요.

근데 오늘 무슨 일로 파티를 여는 거죠?

대답 대신 주인 아저씨는 얼굴 가득 웃음을 머금고
얇은 영문 잡지 한 권을 가져와 내 앞에 펼쳤습니다.
주인 아주머니의 사진과 함께 기사가 실려 있었어요.
빠이에 관해 품고 있던 의문 하나가 풀리는 순간.
해답이 이토록 가까운 곳에 있었을 줄이야!

아폰 상코앗은 위험에 직면한 산과 숲, 그리고 출생증명이 없는 소수부족의 아이들에 이르기까지 다양한 분야에서 사회에 긍정적인 변화를 일으키는 데 헌신을 다하고 있는 태국 여성입니다. 그녀는 자연환경이나 지역공동체를 고려하지 않은 채 오직 개인이나 집단의 이익만을 추구하는 세력이나 권력의 횡포에 결코 굴복하지 않을 여자입니다. 매홍손 북부 빠이 지역민들을 보호하기 위한 그녀의 투쟁은 그동안 지역유지의 위협을 비롯한 수많은 장애물과 부딪혀 왔습니다. 그러나 그녀는 수많은 고난에도 아랑곳없이 빠이와 매홍손의 여성개발위원회 일원으로, 또한 지역공동체를 기반으로 한 협회의 수장으로서 여성과 지역사회에 헌신하는 것을 멈추지 않았습니다. 늘 단정

한 용모에 허례허식이 없는 진솔함 그리고 항상 자신을 낮추는 태도를 통해 사람들은 그녀가 어떤 형태의 부정부패와 직면하든 맞서 싸울 수 있는 용감한 여성이라는 것을 짐작할 수 있습니다.

사회복지사업은 그녀가 오래전부터 하고 싶었던 일이었습니다. 그러나 세 아이의 엄마로서 가정에서 해야 할 일이 있었기에, 그녀는 온 몸을 바쳐 사회에 헌신할 수 있을 때를 기다렸습니다. "드디어 내 아이들이 스스로를 돌볼 수 있을 시기가 왔어요. 나는 비로소 다른 사람들을 돕고자 했던 제 오랜 열망을 실행에 옮길 시간이 왔다는 것을 깨달았지요." 그녀는 2001년에 이르러서야 본격적으로 사회복지사업에 뛰어들었습니다.

아름다운 자연환경, 다양한 소수 민족들이 조화롭게 살아가며 문화적 다양성이 숨쉬는 빠이가 태국과 전세계의 여행자들과 히피들을 끌어들이기 시작하면서 크고 작은 투자자들이 빠이로 몰려들던 시기였습니다.

냉혹한 재산권 분쟁과 개발로 인한 다툼이 한때 평화롭기 그지없던 마을 곳곳에서 일어났고, 그동안 살아왔던 삶의 방식과 공동체 환경이 서서히 파괴되기 시작했습니다. "단순한 예를 하나 들자면, 그동안 우리는 낮에 일하고 해 지면 휴식을 취하는 단순한 삶을 살아왔었죠. 근데 그 무렵부터는 한밤에도 공사장에서 들려오는 소음이 끊이질 않았어요. 그것은 우리가 더 이상 깊은 잠을 잘 수 없다는 것을 뜻했지요, 그리고 침범을 당한 것은 인간뿐만 아니었어요. 빠이 주변의 나무들도 잘려나가면서 산과 숲이 침범을 당하기 시작했지요." 그녀는 매홍손 정부에 '타운 플랜'을 세울 것을 촉구하는 데 앞장섰습니다. 이 노력은 성공적이었고 향후 호텔과 리조트는 마을에서 벗어난 곳에 짓도록 하는 등 빠이 고유의 공동체 문화가 파괴되지 않도록 최대한의 노력을 기울였습니다. 빠이는 다시 안정을 되찾았고 이것은 그후 빠이에 관한 다른 개발 계획을 세우는 데 중요한 기초가 되었습니다.

또한 아폰은 개발로 인해 파괴된 숲을 복구하기 위해 식림 프로젝트도 시작했습니다. 매년 태국 여왕의 생일 기념일인 8월 12일 나무를 심었고, 또 어디에 옮겨 심을 것인지를 세심하게 체크한 후, 그에 따르는 활동들을 지속적으로 이어오고 있습니다.

아폰은 요즘 빠이 공동체, 특히 소수 부족민 출신의 불우한 어린이들의 삶을 향상시키기 위한 활동에 열심입니다. '공동체 안의 조화와 통일'에 중점을 둔 그녀의 프로젝트는 시민권이 없는 아이들에게 태국에서 평균적인 삶을 영위할 수 있도록 다양한 기회와 교육환경을 제공합니다. "다양한 소수 부족 출신의 아이들이 이 프로젝트에 참여하고 있고 이 아이들은 타이 시민권을 가진 아이들과 같은 학교에 갈 수 있게 됩니다. 그리고 직업을 구할 때 어려움을 겪지 않을 수 있도록 태국 이민법에 대해서도 충분한 교육을 받게 될 것입니다." 사소한 부주의로 죽거나 병드는 아이들을 위해 공중위생에 관한 기본지식을 가르치는 것 또한 아폰의 주요한 관심사 중 하나인데, 이런 모든 활동들은 "공동체 내의 사람들은 평화와 조화 속에서 다 함께 살 수 있어야 한다."는 그녀의 철학에서 시작되었습니다.

단지 사회복지사업을 꿈꾸던 주부에 불과했던 아폰은 이제 자신이 태어난 고향에 놀라운 변화를 가져다주는 뛰어난 활동가가 되었습니다. 그녀의 삶은 같은 꿈을 꾸는 이들의 역할모델로서 많은 사람들에게 영감을 불어넣고 있습니다.

주인 아저씨는 손님들이 집으로 돌아갈 때
자그마한 기념품을 하나씩 나눠줬습니다.
아내의 사진이 담겨 있는 예쁜 열쇠고리였지요.
그건 참 특별한 선물이었어요.
버려진 생수병 뚜껑과 음료수 캔 뚜껑을 하나둘 모아서
아저씨가 손수 구부리고 잇고 붙여서 만든
3R 재활용 기념품이었으니까요.

나는 바나나하우스에서 묵으며
무엇이 빠이란 도시를 아름답게 하는지
무엇이 빠이의 아름다움을 유지하게 만드는지
아주 사소한 것들부터 하나둘 배우고 느낄 수 있었지요.

빠이에 도착한 첫날, 그 집으로 접어든 것은

우 연 이   아 니 라   운 명 이 었 어 요 .

위도빠이

빠이에서 지내는 동안 나는 궁금했습니다.
거리에서 파이를 만들어 파는 할머니부터
송이버섯 튀김을 만드는 청년에 이르기까지
빠이에 사는 사람들의 감각과 감수성을
이토록 뛰어나고 아름답게 만드는 것은 무엇일까?
여느 산골 오지와 다를 바 없이 순박하고 선한 사람들
그러나 여느 산골 오지와 다르게 깨끗하고 잘 가꿔진 마을
도대체 빠이에 사는 사람들의 마음과 정서를
이토록 깨끗하고 아름답게 유지시키는 것은 무엇일까?

언젠가 EBS에서 〈인간의 심리〉란 다큐를 본 적이 있습니다.
무단쓰레기 투척으로 골치를 앓는 한국 도심의 구석진 골목.
양심거울을 설치하기도 하고 벌금 경고문을 붙이기도 했지만
동네 주민들이 버리는 무단쓰레기는 사라지지 않았습니다.
갖은 방법이 통하지 않자 양심에 호소하는 대신
무단쓰레기 투척지에 작은 화단을 만들기 시작합니다.
상황을 지켜보던 동네 사람들은 비웃어대죠.
흥, 그런다고 사람들이 쓰레기를 안 버릴 것 같아?
그런 걸로 해결된다면 벌써 했을 거요. 헛수고 마세요.
안 됩니다. 안 돼. 여긴 포기하세요.

무단쓰레기가 버려지던 곳에 꽃밭이 만들어진 밤,
과연 무단쓰레기는 또 얼마나 버려지고
CCTV에는 어떤 장면이 찍혔을까요?
CCTV로 찍힌 영상 - 무단쓰레기를 버리려고 왔던 사람이
비닐뭉텅이를 내려놓으려다가 꽃을 보고선 갖고 온 쓰레기를
가지고 다시 집으로 돌아가는 장면.
그곳에 쓰레기를 버린 주민은 한 사람도 없었습니다.
어떤 경고나 어떤 호소보다 강력한 것은
그 자리에 '꽃밭'을 만드는 것이었습니다.
그날 보았던 다큐멘터리의 기억을 떠올리자
빠이의 골목을 따라 이어지는 한 뼘 폭의 꽃밭과
집 앞에 내놓은 화초들이 예사롭지 않았습니다.
사소한 노력이 불러일으키는 환경과 상황이
빠이를 유지시키는 거대한 힘일지도 모른다,
그런 생각이 들었습니다.

세상엔 잘못된 사회를 바로잡기 위해
부정부패를 고발하는 사람과 미디어도 필요하고
양심에 강력하게 호소하는 구호가 필요할 때도 있지만,
고발과 외침과 구호와 경고와 협박과 호소에도 불구하고
인류 역사의 골목길마다 쓰레기가 넘치는 까닭은 뭘까요?
매일매일 쓰레기가 버려지는 이 별에서 진정 필요한 것은
내 집 앞에 가꾼 한 뼘짜리 작은 꽃밭인지도 모르겠습니다.
어쩌면 이 사소한 꽃밭의 창조야말로
우리 인류가 유턴할 지점인지도 모르겠습니다.

산다는 건 태어난 그 자체로 손해볼 게 전혀 없는, 삶이다.

라는 것을 깨닫게 될 때

비로소 우리는

손해보지 않기 위해

정착하고, 축적하는 삶을 저절로 외면하게 될 것이다.

와라, 탐미주의자여,

카타르시스가 도처에서 달려드는 길 위로.

나의 취향

스무 살 시절 친구들은 나에 대해 이렇게 얘기했어요.
R은 유럽처럼 깔끔하고 잘 정리된 나라를 좋아해.
서른 살 시절 내 친구들은 나에 대해 이렇게 얘기했어요.
R은 인도나 네팔처럼 영적인 나라를 좋아해.
최근에 만난 친구들은 나에 대해 이렇게 얘기하더군요.
R은 태국이나 라오스처럼 저렴한 나라를 좋아한다고.

"이봐, 친구들, 그런 게 아니라
난 늘 가보지 않은 곳을 가고 싶었을 뿐이야."

지금도 어떤 친구는 내가 유럽에 가고 싶어 한다고 여기고
어떤 친구는 내가 서남아시아에 가고 싶어 한다고 여기고
어떤 친구는 내가 동남아시아에 가고 싶어 한다고 여기죠.
물론 각각의 대륙과 나라와 도시들은 저마다 다 좋았어요.
하지만 어디를 가고 싶냐고 물어보면 대답은 한결같아요.

"아직 가보지 않은 곳."

아무리 많은 곳을 여행하더라도

로마의 옛 시인, 호라티우스는 말했죠.
바다를 건너면 기후가 바뀌지만
그렇다고 해서 영혼이 바뀌는 것은 아니다, 라고.
아무리 많은 곳을 유랑하고
아무리 긴 시간을 방랑해도
우리는 자신의 영혼을 떼어내고 다닐 순 없어요.
시간과 장소를 수없이 옮겨다닌다 하더라도
자신의 영혼을 변화시킬 수 없다면,
그런 여행은 아무 의미가 없을지 몰라요.
영혼을 변화시키고 싶은 욕구가 없다면
애초에 여행 따위 떠나지 않아도 좋아요.

인간은 자신의 영혼을 변화시키기 위해
생이란 길 위로 떠나온 과객들인지 몰라요.

윤회라든가 환생이라는 게 있을까요?

다음 생으로 넘어갈 때 외모와 성을 바꿔도
영혼을 변화시키지 못했다면 안타까울 것 같아요.
영혼을 변화시키고 싶은 지점이 없었다면
애초에 이번 생에 태어나지도 않았을 테죠.

한가로운 빠이에서 당신은
오래 바꾸지 못한 당신 영혼의 뿌리가 흔들릴지도 몰라요.
빠이에서 삶과 산들바람에 영혼의 이파리가 흔들리다, 문득.

경계

오래된 불상의 손목 위에
그동안 여행길에 차고 다니던
나의 손목시계를 올려놓았습니다.
바라보고 있으려니 기분이 묘했습니다.

찰칵.

그로부터 한 달이 지났습니다.

다시, 시계를 들여다봅니다.
사라진 것과 사라지지 않은 것.
변한 것과 변하지 않은 것.
어떤 시간은 흘러가고, 어떤 시간은 흘러가지 않습니다.

나는 그 경계의 줄 위에 앉아 있습니다.

인간의 집은 주소가 아니다

우리의 눈은
마치 인텔리전트 오토 포커스 기능이 장착된 카메라 같아요.
옷가게 점원 눈엔 길에서도 '옷'이 먼저 눈에 들어오고,
신발가게 점원 눈엔 길에서도 '신발'이 먼저 눈에 들어오지요.
길에서 뿐만 아니라 TV를 보거나 영화를 볼 때도 마찬가지죠.
자신의 직업이나 성 혹은 관심 분야에 따라 포커스가 맞춰지죠.
TV 드라마 시청 후 주인공이 머리에 꽂고 있던 액세서리를
아내가 디테일하게 기억하는 걸 보고 깜짝 놀란 적이 있어요.
그래요, 인간은 보고 싶은 것을 보기 마련인 존재이니까요.

해외에서 체류하는 동안 TV 보고 있을 시간에 영화를 보고,
최근작보다는 예전에 보았던 영화를 다시 볼 때가 많아요.
〈아이다호〉 같은 '길'의 풍경이 조연인 로드무비를 좋아하는데
요즘은 액션영화를 볼 때도 '길'에 자꾸만 포커스가 맞춰져요.

근래 다시 본 영화는 맷 데이먼이 주연한 '본 시리즈'.
액션첩보 영화로 유명한 영화이고 또 그렇게 알려졌지만
본이 자신의 정체성을 찾기 위해 길 떠도는 이야기는 마치,
〈만다라〉 같은 구도영화처럼 읽혀져요.
본이 마치 〈화엄경〉의 선재처럼 보이는 거죠.
영화의 시작은 본이 바다 위에 둥둥 떠 있는 장면.
그건 마치 양수 속에 들어 있는 태아 같아요.
프랑스 어선에 구조된 본은 자신이 누군지 기억하지 못하죠.
참, 인간은 태어나는 순간 전생을 잊어버린다고 하던가요?

본은 '내가 누구인지 말할 수 있는 자'가 되기 위해
프랑스, 이탈리아, 독일, 인도, 영국, 모로코, 러시아 등등
세상의 길을 떠돌아요. 공항과 기차역과 호텔을 지나며,
사람들을 만나고, 만남을 통해 차츰 자신의 실체에 다가가죠.

"여 행 은   자 기   자 신 에 게 로
떠 나 는   것 이 며 ,   또 한
그   여 행 은   많 은   타 인 들 을   통 과 하 며
이 루 어 진 다 ."

〈사막별 여행자〉의 무사 아그 앗시리그의 말처럼.

자신이 과거에 저지른 업살인으로 괴로워하던 본이
자신이 살해한 이의 딸을 만나 건네는 말은 잠언 같더군요.

"진실을 알면 모든 게 달라지게 돼."

힌두교에서는 우리가 사는 세상을 환영이라 여긴대요.
이 세계의 모든 실체가 환영이라는 그 진실을 깨닫게 될 때,
모든 사물과 우주가 전과 다르게 보이는 것은 자명한 이치.

본의 기나긴 행적이 보여주듯, 여행 혹은 우리의 인생이란
숱한 이동과 타인과의 만남과 다양한 해프닝으로 이뤄지지만
결국 "나는 누구인가"라는 질문에 답을 얻기 위한 과정이겠죠.
라즈니시는 영성의 문제와 명상의 세계뿐 아니라
여행에 관해서도 탁월한 혜안을 가진 전문가였나 봐요.
그는 여행의 유익함 세 가지를 이렇게 말했다고 해요.

"첫째는 타향에 대한 지식이고,
둘째는 고향에 대한 애착이며,
셋째는 그대 자신에 대한 발견이다."

최근에 봤던 영화 중 가장 인상적인 영화는 〈인셉션〉.
크리스토퍼 놀란의 영화는 최첨단 촬영기술뿐만 아니라
여행에 관해서도 새로운 지평을 열어 보여주더군요.
낯설고 먼 나라로 여행을 떠나야 여행인 것은 아니라고.

외계, 우주인, 로봇이 아닌 인간의 꿈을 소재로 하는 이야기가
최첨단 공상과학 영화로 만들어질 수 있는 까닭은 무엇일까요?
수천 미터 깊이의 심해, 수억 광년 너머 별을 분석해 낸 과학이
한치 아래 인간의 뇌도 제대로 탐사하지 못했기 때문이겠지요.
꿈/무의식의 세계는 수천억 은하계 속 수천억 별의 숫자만큼
많은 샛길과 지역을 감추고 있는 또 다른 세계, 또 다른 우주.
일찍이 이것을 알았던 헨리 데이비드 소로는 〈월든〉에서 말했죠.

"그대의 눈을 안으로 돌려보라. 그러면 그대의 마음속에 여지껏 발견
못 하던 천 개의 지역을 찾아내리라. 그곳을 답사하라. 그리고 자기
자신이라는 우주학의 전문가가 되라."

내면 여행의 가장 큰 장점은 비용이 전혀 들지 않는다는 거죠.
〈아웃 오브 아프리카〉의 저자이자 여주인공인 카렌 블릭센은
돈 한푼 들이지 않고 수많은 장소들을 돌아다니곤 했대요.
내면 여행을 떠나는 법은 배낭을 꾸리는 것보다 더 간단해요.
조용히 눈을 감고 꿈을 꾸거나 혹은 명상에 잠기거나.

여행의 핵심에 가장 근접한 영화는 〈업up〉이었어요.
탐험가 찰스 먼츠의 활약상을 접하며 어른이 되면
탐험가가 되리라 꿈꾸던 칼과 여자친구 앨리의 이야기.
앞으로 할 모험 Stuff I'm going to do 으로 페이지를 가득 채우자며
〈마이 어드벤처 북〉의 첫 장에 붙인 사진은 파라다이스 폭포.

둘은 친구에서 연인으로 그리곤 부부가 되어 함께 살아요.
근데 문득 돌아보니 아무 데도 떠나지 못한 채 보낸 세월….
패키지로라도 파라다이스 폭포에 가자며 저금통을 만들죠.
그러나 예기치 않게 닥치는 일상의 사고(자동차, 집, 건강문제)로
한 푼, 두 푼 모아둔 저금통은 깨지고, 다시 깨지기를 반복하고.
겨우 살 만해졌는데 이번엔 시간이 기다려주지 않았죠.
앨리가 세상을 떠나고 칼은 홀로 남아 호호 할아버지가 되고,
그러다 집이 부서지는 상황이 오고서야 칼은 길을 떠나요.
지붕에 풍선을 셀 수 없이 매달아 낡은 집을 통째로 띄우고
유년 시절부터 꿈꾸던 남미의 파라다이스 폭포를 향해서!

탐험가가 되어 온 세계를 다 돌아다니고 싶은 유년의 꿈.
세상에 그런 꿈을 가져본 적조차 없었던 이가 있을까요?
그러나 산타클로스와 천사를 믿지 않는 어른이 되고,
'하고 싶은 것' 보다 '해야 할 것' 이 점점 더 많아지면서
세계여행의 꿈은 물거품처럼 차츰 멀어져서 사라져버리죠.

세계지도 위엔 결재서류들과 갖가지 청구서들이 쌓이고,
그 더미에 깔려 이젠 지도의 귀퉁이도 보이지 않게 되었어요.
때론 잠 못 이루는 밤 바라본 천장에 세계지도가 떠올라
어린 시절의 꿈과 가고 싶은 나라와 소용경비를 계산해 보지만
아침이면 아파트 융자금, 할부대금 같은 것들이 발목을 잡고
밤새 떠올린 꿈은 마른 이슬처럼 흔적 없이 사라져버리죠.
그래서일까요,
사람들에게 죽기 전에 가장 하고 싶은 일이 뭐냐고 물으면
수많은 대답들 중 제1순위는 언제나 '여행' 이더군요.

마침내 풍선을 타고 남미의 파라다이스 폭포에 도착한 칼은
낡은 가구와 잡동사니 사이에서 공책을 발견해요.
어린 시절의 〈마이 어드벤처 북〉.
앨리와 떠나지 못한 걸 후회하며 펼치지도 못하고 내려놓는데
텅 비어 있는 줄 알았던 공책 속에서 무언가가 비져나와요.
공책을 펼치는 순간, 공책 안을 한가득 채우고 있는 건
두 사람이 함께 보낸 인생의 순간 순간을 모은 사진들이었죠.

앨리는 이미 일고 있었던 거에요.
우리 인생에 모험이나 여행이 따로 있는 게 아니라
일상에서 저금통을 깨게 했던 사건 하나하나가 '모험' 이고,
사랑하는 사람과 함께했던 모든 순간 순간이 '여행' 이었음을.

브루스 채트윈의 말대로 우리는 늘 여행 중이에요.
'인간의 진짜 주소는 집이 아니라 길' 이며
'인생은 그 자체가 여행' 이니까요.

지구 종말의 날

노스트라다무스는 1999년에 지구가 멸망한다고 했었죠.
고대 마야력에 따르면 2012년에 지구가 멸망한다더군요.

아프리카 내전으로 130만 명 사망
팔레스타인 가자지구 폭격으로 어린이 421명 사망
아프가니스탄 여성들 학대 심각
네팔에서 인신매매로 팔리는 아이들 연간 5만 명
매일 쏟아지는 종말보다 더한 종말 같은 뉴스들.
중세 예언가나 고대 마야력을 믿지 않더라도
지구가 종말할 수 있다는 생각이 들곤 해요.
종말의 시기란 따로 있지 않아요.
인간이 인간을 믿지 않을 때, 그때가 지구의 종말이지요.
인간이 인간을 사랑하지 않을 때, 그때가 지구의 종말이지요.

내일 지구가 멸망한다면 오늘 사과나무를 심겠다는
어느 철학자의 말이 오래 회자되었지요.
그래요, 지구가 멸망하기 전에 사과나무를 심어야 해요.
서로가 서로의 심장에 희망이라는 사과나무를 심어야 해요.

출생신고서

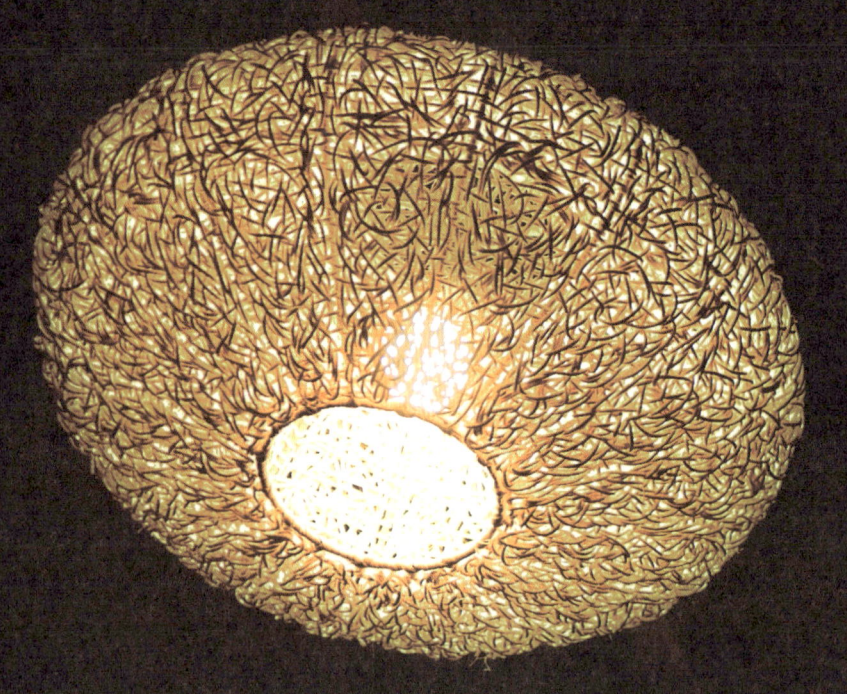

국경을 오갈 때면 입국서류에
이름과 나이와 직업을 기록하고
나의 여권을 출입국 사무관에게 내밉니다.

지구에서
나의 첫 입국서류는 출생신고서였습니다.
물론 아무도 체류기간을 묻지 않았습니다.
내게 질문을 던져야 하는 이가
답을 갖고 있기 때문이지요.
신神 말입니다.

지구의 신은
ARRIVAL 도장만 찍고
우리들이 체류기간 동안 무슨 짓을 하든
전혀 관여하지도 않고, 알려고도 하지 않는
출입국 사무관 같은 존재인지도 모릅니다.
체류기간이 끝났을 때
DEPARTURE 도장만 찍어주면
자신의 업무는 그것으로 끝이라고 여기는….

아무튼
나는 아직 다른 별로 떠나지 못했습니다.
내가 푸른 스물에 신청한 비자가
아직 도착하지 않았기 때문이지요.

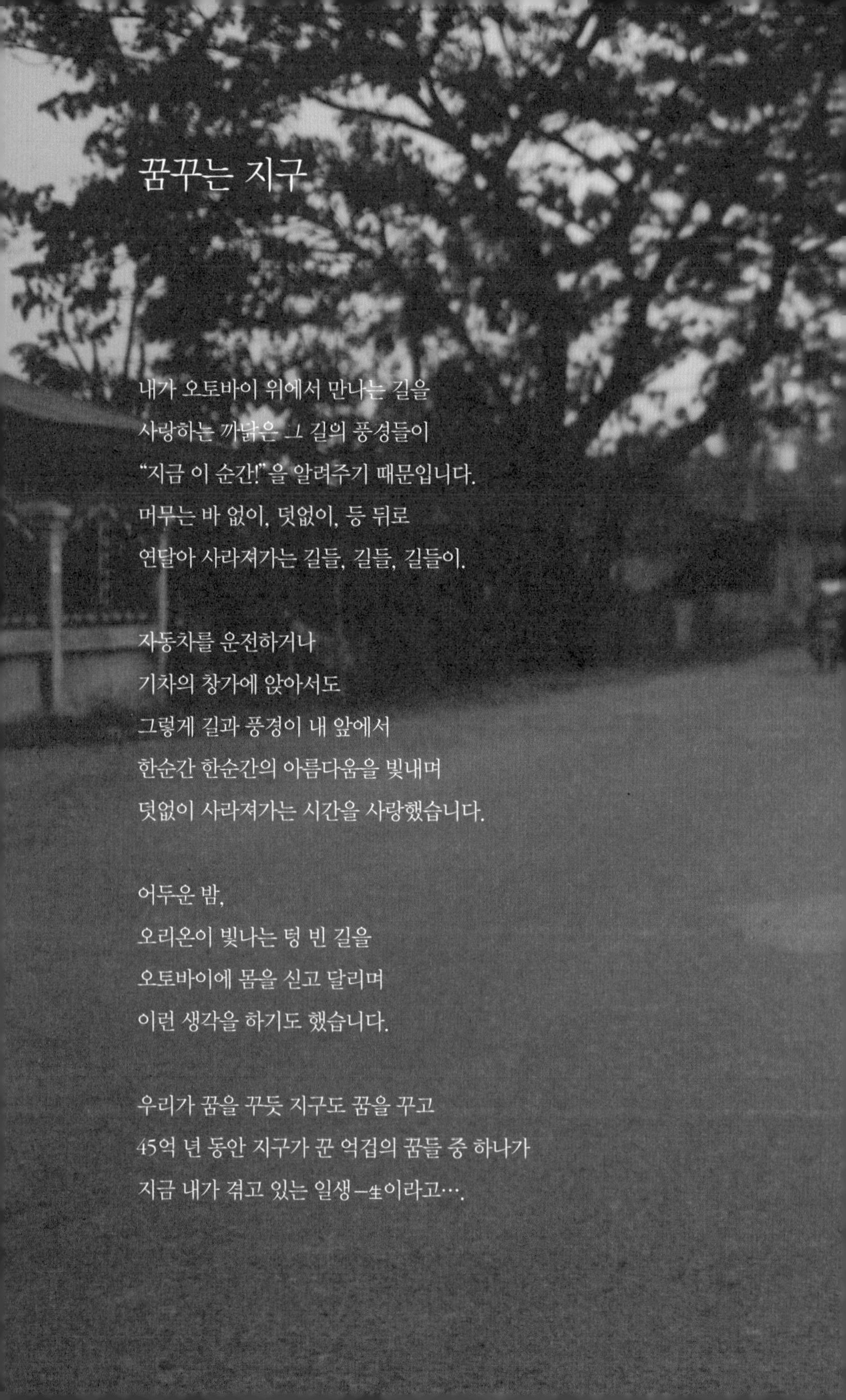

꿈꾸는 지구

내가 오토바이 위에서 만나는 길을
사랑하는 까닭은 그 길의 풍경들이
"지금 이 순간!"을 알려주기 때문입니다.
머무는 바 없이, 덧없이, 등 뒤로
연달아 사라져가는 길들, 길들, 길들이.

자동차를 운전하거나
기차의 창가에 앉아서도
그렇게 길과 풍경이 내 앞에서
한순간 한순간의 아름다움을 빛내며
덧없이 사라져가는 시간을 사랑했습니다.

어두운 밤,
오리온이 빛나는 텅 빈 길을
오토바이에 몸을 싣고 달리며
이런 생각을 하기도 했습니다.

우리가 꿈을 꾸듯 지구도 꿈을 꾸고
45억 년 동안 지구가 꾼 억겁의 꿈들 중 하나가
지금 내가 겪고 있는 일생—生이라고….

숲에서 귀뚜라미가 울기 시작합니다,
지구가 또 하나의 꿈에서 깨었다고.

여행의 이로움

여행을 하다 보면,
배움의 크기나 나이의 많고 적음이
인생의 깊이와는 전혀 무관하다는 생각을 하게 됩니다.
때론 배움의 크기가 오히려 인간을 자만하게 만들고,
나이의 많음이 오히려 인간을 오만하게 만드는
장애물이 아닌가 하는 생각 말입니다.
그런 까닭에 노자나 부처나 예수나 성인들은
어린아이처럼 되라고 했는지도 모르겠습니다.

여행의 가장 큰 이로움 중 하나는
여행이 우리들을 아이로 만들어주기 때문이지요.
낯선 곳에선 배움과 나이에 상관없이 누구나
아무것도 모르는 어린아이일 수밖에 없으니까요.
그러니 모든 것을 미리 섭렵하고 준비하는 여행은
어린아이가 될 수 있는 수많은 기회를 다 없앤 후에
여행을 떠나는 것과 같다는 생각이 듭니다.

낯선 나라, 낯선 도시에서
아, 버스는 이렇게 타는 거구나….
아, 기차표를 여기선 이렇게 끊는구나….
아, 사람들은 음식을 이렇게 먹는구나….
그렇게 신기해하거나 궁금증이 풀리는 순간, 순간들을
나는 너무나 사랑합니다, 마치 어린아이처럼.

풍경의 노래를 들어라

밤하늘은 말끔히 개었고 초승달이 떴습니다.
얼굴을 스치는 바람이 투명하게 느껴지는 계절.
어둠 가운데서 수억 광년 너머의 별들이 깜박거렸어요.
나는 각각의 별들에게 '도레미파솔라시' 음계를 붙인 후
눈시울을 가느다랗게 좁히고 별의 깜박임에 집중했어요.
반짝반짝. 반짝반짝.
별들이 깜박이는 순서대로 음계를 받아 적었죠.

도솔 도솔 도파라 미미파레 시시도….

별이 들려주는 악보를 받아 적으며 나는
모든 별들은 음악소리를 낸다는 가설에 동의하기로 했어요.
그리고 별들뿐 아니라 길도 음악소리를 낸다는 생각에 닿았죠.
물론 별이 내는 음악소리만큼 공감각적이진 않지만
우리가 길의 노래를 듣기 위해 귀 기울일 때
길은 숲과 파도와 자갈과 새와 바람, 그런 무수한 악기들이
제각각의 음색으로 연주하는 콘서트홀이 된다고.
윤후명이 발표한 〈모든 별들은 음악소리를 낸다〉는 소설.
그러나 인류 최초로 별들이 연주하는 음악소리를 들은 건
수학자이자 점성술사인 요하네스 케플러였어요.

르네상스적 지식인 케플러는 〈우주의 조화〉라는 책에서
'모든 별들이 제각각 음악소리를 낸다'는 가설을 주장했죠.
신이 창조한 우주와 인간은 서로 공명하며 음계를 형성한다고.
그는 태양계 행성의 회전주기를 기조基調로 작곡을 하기도 했죠.

나도 '길과 공명하는 음악'을 작곡하고 싶어요.
그러나 음악엔 젬병인 나로선 길이 들려주는 음악소리에
귀 기울이며 여행하는 것으로 위안을 삼을 뿐이죠.
난 나뭇잎이 바람에 뒤집힐 때 내는 소리를 가장 좋아해요.
가로수 길게 늘어선 길 아래 서 있는 것만으로도 설레고,
서걱이며 들려주는 나뭇잎들의 소리가
현자의 잠언이 되어 내 귓가에 앉을 때까지 기다리곤 했어요.
그 소리는 늘 속삭이곤 했지요.
더 늦기 전에 길을 떠나.

인도차이나 반도엔 고국의 활엽수들 대신
야자수 이파리가 바람의 머리칼 빗질하며 노래하거나
우기의 빗방울들이 넓고 두툼한 숲의 장막을 두드리며
강렬하고도 환상적인 타악기의 노래를 들려주기도 합니다.
노래의 제목은, 〈풍경의 노래를 들어라〉.

우주에서 바라본 지구

단 한 번도
지구별 바깥으로 여행을 떠난 적은 없지만
오늘처럼 별 한 점 없이 캄캄한 밤에는
상상만으로 나홀로 우주여행을 떠나곤 해요.

월계수 나무 사이에 해먹을 걸고 누운 채
공전과 자전을 거듭하는 지구를 바라봅니다.

어느 위도에서 사느냐에 따라
인간이 겪는 낮밤의 길이는 달라요.
그런 위도에 따른 낮밤의 차이를
빈부귀천의 차이라 여길 수도 있고
길흉화복의 차이라 여길 수도 있겠죠.

어떤 위도에선 낮이 길고,
어떤 위도에선 밤이 길군요.
그렇게 낮밤의 길이가 달라서 삶은 불평등한 듯하지만
또한 공평하게 어떤 위도에서나 낮과 밤이 찾아오는군요.
커피 한 모금을 마시고 다시 지구를 바라봐요.

45억 년 전이나 지금이나 자전을 멈추지 않는 지구
그래서 빛과 어둠의 영역은 끊임없이 이동하지만
지구의 반은 늘 '빛' 이고, 반은 늘 '어둠' 이군요.

우리는
빛을 '선' 이라고 여기고
어둠을 '악' 이리 여기는데
45억 년 동안 지구란 별의 절반은 늘 빛이고
지구란 별의 절반은 늘 어둠이었군요.

인간은 선악을 분별하지만
우주는 그저 자연이라고 하네요.
예수는 그것을 사랑이라 하고,
부처는 그것을 자비라 하고,
노장은 그것을 무위라 하고.

우주에서 바라본 지구가 여여如如합니다.

천년 동안 놀 수 있는 힘

난 그리스인 조르바가 좋아요.
조르바는 소설의 제목이자 소설의 주인공인 동시에
니코스 카잔차키스가 만났던 실존인물이기도 하지요.

조르바는 크레타 섬에서 작가와 지내는 동안
어록이라 해도 좋을 멋진 말들을 쉴 새 없이 떠들어줬어요.
그러나 작가는 조르바가 했던 가장 멋진 말은 듣지 못했어요.
두 사람이 헤어진 후 흘러 흘러 세르비아에서 살던 조르바
그곳에서 남긴 가장 멋진 말은 그의 유언이 되고 말았으니까요.

"아, 나 같은 사람은 천년을 살아야 하는 건데…."

조르바의 마지막 말은 오래 살고픈 노인의 욕망이 아니에요.
'평생 별짓을 다해 보았지만 아직도 못 한 게 있' 다며
천년을 어린아이처럼 매일매일 신기해하고 감탄하면서
살아갈 자신이 있었던, 조르바라는 거인의 할(　：깨달음의 외침)이었죠.

인생이라는 큐빅 퍼즐을 두 손에 쥐고서
한순간도 지루해하거나 지치지 않으며
천년 동안 갖고 놀 수 있는 힘을 가진 사람의 할이었어요.

당신은
자신의 인생이라는 큐빅 퍼즐을 손에 쥐고서
과연 얼마 동안을 갖고 놀 자신과 힘이 있나요?

먼 훗날

옛날 옛날에 체코 프라하에 토머스란 사내가 살았어요.
그는 무척 자유분방하고 이성관계가 복잡한 사내였죠.
근데 이성으로 인한 골치 아픈 문제는 전혀 생기지 않았죠.
그 비결이 뭐냐고 친구들이 묻자 이렇게 대답해 주더군요.

"3의 규칙을 지켜야 해. 여자를 짧은 간격으로 만나게 될 때는 세 번 이상 만나지 말 것이며, 여자와 수년 동안 사귀고자 할 때는 어떻든 간에 적어도 3주 간격을 두고 만난다는 조건을 지켜야 해."

'3의 규칙'을 지킴으로써 '에로틱한 우정'을 유지해 온 토머스.
그에게 이성異性이란 마치 세계의 지도地圖와 같았답니다.
'더 많은 이성을 만날수록 더 많은 길을 알게 되는 것이다.'라고.
〈참을 수 없는 존재의 가벼움〉의 토머스에 관한 이야기입니다.

당신에게 '길과 이성의 관계'에 대한 토머스의 생각에 대해
어떻게 생각하느냐고 묻는다면 당신은 뭐라고 대답하겠어요?
난 이렇게 대답할래요, 그 반대도 성립하는 것이라고.
더 많은 길을 만날수록 더 많은 연인을 사귀는 것과 같다고.

그동안 수많은 길을 만났고 길과 사랑에 빠지곤 했어요.
그때마다 우연이 아니라 운명적으로 만났음을 깨닫곤 했죠.
내가 길의 풍경을 간절하게 그리워하는 만큼
길들 역시 나를 간절하게 그리워해 왔다는 걸 느끼며.

모든 사랑이 다 그렇듯 길과의 첫사랑도 존재하죠.
근데 첫사랑은 통상 아픔이나 아쉬움으로 귀결되더군요.
그리고 첫사랑은 잘 이루어지지 않는다고도 하더군요.
다시 만나도 지난 시절의 감흥과 열정을 느끼기보단
피천득의 수필 〈인연〉처럼 '아니 만났어야 좋았을 것이다'며
안타까움을 토로하기가 십상.
길과의 첫사랑은 더욱 그랬어요.

언젠가 우연히 들어섰던 작고 아름다운 섬.
새벽 안개, 초록빛 산, 고즈넉한 방죽길.
난 첫눈에 반해 설레고, 들뜨고, 흥분했지요.
그후 세월이 흘러 다시 그 섬을 찾았는데
'아니 만났어야 좋았을 것이다' 며 뒤돌아서고 말았죠.
채석장으로 변한 산, 사람들이 다 떠난 을씨년스런 마을.
비로소 나는 알게 되었죠.
길과의 첫사랑은 아름답게 남을 수 없다는 것을.
개발이란 이름의 풍상風霜을 겪는 사이,
첫사랑은 그때의 모습으로 남아 있지 않게 된다는 것을.

아무튼 난 지금 빠이와 빠이의 길을 사랑하고 있습니다.
그러나 세월과 함께 빠이도 변하겠죠, 천천히 혹은 빠르게.
어쩔 수 없는 현실이지요. 그럼에도 불구하고 나는 바라요.
먼 훗날 빠이를 만나 이런 말을 건넬 수 있기를.

아주 곱게 늙었구나, 여전히 곱고 아름다워.

여행자를 위한 빠이 안내서

❶ 아트 인 차이
허브 티와 집에서 만든 케이크, 직접 만든 액세서리와 향수로 유명하죠.

❷ 올 어바웃 커피
추상적인 그림과 동화 같은 작품들, 그리고 최고의 커피와 맛있는 파이.

❸ 바리스타 커피 바
아침 7시에 문을 여는 커피가게, 현지인들을 만나기 좋은 곳이죠.

❹ 팻 캣
뚱뚱한 고양이가 유기농 정원을 어슬렁거리는 가게. 해피 드링크와 음식들.

❺ 렉렉 카페
메옌 사원으로 올라가는 계단길 입구에 있는 독특한 채식주의 음식점.

❻ 무슬림 홈메이드
신선한 커피, 빵, 파이, 케이크와 집에서 직접 만든 요구르트까지!

❼ 핏 타 류 아트 갤러리
빠이에서 가장 젊고 예술적인 장소, 퍼포먼스와 라이브 뮤직.

❽ 슬립 올론
지역 예술가 티암이 운영하는 미니 갤러리 겸 찻집. 허브 티와 신선한 커피.

빠이는 낮보다 밤이 더 아름다워요.

❾ 50 사탕
빠이에서 가장 오래된 술집 중 하나, 빠이의 역사가 고여 있는 아주 작은 술집.

❿ 올머스트 페이머스
히피 냄새가 물씬 나는 인테리어로 무장한 길거리 술집. 친절, 유쾌.

⓫ 비밥
저녁 9시부터 새벽까지 재즈부터 블루스까지 라이브 음악을 들을 수 있는 술집.

⓬ 블라 블라 바
라이브 공연도, 당구대도 없이 오직 값싼 술로 승부하는 주당용 술집.

⓭ 버팔로 바
저녁 9시부터 라이브 공연과 프리미어 리그를 감상할 수 있는 술집.

⓮ 시 바
편안한 분위기에 1980년대 음악을 틀어주는 술집.

⓯ 샤농 바
춤추고 싶은 사람들이 모이는 술집, 음악은 테크노와 트랜스.

⓰ 에디블 재즈
편안한 분위기에서 인도 요리를 먹으며 라이브 음악을 들을 수 있는 곳.

⓱ 직코 바
전세계에서 몰려든 여행자들의 웃음과 수다로 넘치는 길거리 칵테일 바.

⓲ 룬라 바
오후 6시부터 자정까지 레게, 록, 사이키델릭을 들으며 태국 맥주 한잔!

⓳ 레게 바
비밥 건너편 레게 음악 전문 바.

⓴ 밤부 바
새벽까지 문 여는 술집 겸 레스토랑, 모닥불과 맥주와 함께 해뜰 때까지.

㉑ 돈크라이
밤부 바 옆 가게, 전세계 주당들이 자정 무렵부터 하나둘 모여드는 곳.

빠이는 작지만 갈 곳도 많고 할 것도 많죠.

㉒ 플루이드
오전 9시부터 해질 때까지 25미터 풀, 탁구대, 사우나와 바와 레스토랑.

㉓ 팁 오프로드
MTB 자전거를 타고 가이드와 함께 소수 부족 마을 여행.
모든 장비 제공.

㉔ 타이어드벤처레프팅
〈내셔널지오그래픽〉에서 소개한 레프팅을 23년 경력 가이드와!

㉕ 빠이 어드벤처
레프팅, 암벽 등반, 카야킹, 트레킹 등등 다이내믹한 모험을 원한다면

㉖ 피라나 피싱 파크
시간당 1,000원, 하루에 5,000원. 낚고, 먹고, 마시고. 방갈로 숙박객은 공짜!

㉗ 핫 스프링 내셔널 파크
입장료 7,000원. 국립공원 내 야외 온천에서 해 뜨는 아침을!

㉘ 엑사일 요가
매일 아침 10시에 요가를 배울 수 있고 11월부터 3월까지는 저녁레슨도.

㉙ 차이니즈 빌리지
황토와 볏짚으로 지은 중국인 마을. 기념품 가게와 중국 음식점들.

㉚ 빠이 캐넌
2차대전 기념다리 직전. 그랜드 캐넌급은 아니지만 독특한 지형의 볼거리.

㉛ 왓루앙
과거엔 코끼리를 기르던 곳으로 지금은 빠이에서 가장 유명한 사찰이 되었음.

㉜ 왓 프라탓 메옌
언덕 위의 절, 빠이 마을을 내려다볼 수 있는 뷰포인트. 황홀한 일몰.

타이 요리를 배우고 로컬 마켓에서 산 재료로 직접 요리도 해봐요.

㉝ 어 테이스트 오브 빠이
아름다운 정원에서 공짜 티와 커피를 마시며 요리 배우기.

㉞ 찰리&렉 헬스 레스토랑
찰리와 렉이 직접 기른 유기농 재료로 요리 배우기.

㉟ 이사라 가든
넓은 유기농 농장에서 자신이 직접 채집한 재료로 요리 배우기.

㊱ 로컬 프레시 마켓
AM 5시~7시, PM 3시~6시에 열리는 시장. 야채, 과일, 고기, 각종 식재료.

㊲ 먼데이 마켓
AM 5시~12시에 열리는 시장. 빠이공항 근처 태국에서 가장 큰 망고나무 아래.

㊳ 워킹스트리트 마켓
하이시즌(10월~2월)에 오후 6시부터 빠이 중심가에서 열리는 야시장.

태국에서 해도 되는 것과 하지 말아야 할 것들은?

웃으세요, 하하하, 당신이 할 수 있는 한 최대한 많이 웃으세요. 심지어 당신의 기분이 좋지 않더라도 말이죠.
태국에선 오직 빈천하거나 어리석은 사람들만이 다른 사람들 앞에서 열을 내죠. 큰 목소리로 화난 상태에서 주고받는 대화는 태국에선 좀처럼 볼 수 없어요. 태국인들은 표정으로 그 사람의 가치를 판단하죠.

이 달의 벼룩시장(빠이 커뮤니티 보드)엔
어떤 물건들이 나와 있을까요?

월세방
한적하고 깨끗하고 아름다운 조망, 모기장, 나무&콘크리트로 된 방갈로. 중심가에서 2킬로미터. 국립공원 근처. 인터넷과 에어컨과 뜨거운 물. 큰 방과 독립된 부엌.
월 20만 원.

월세집
언덕 위의 아름다운 목조집, 중심가에서 3킬로미터.
1층 거실과 부엌과 화장실,
2층 방 2개와 화장실.
월 40만 원.

빠이 보디 케어
천연 재료로 만든 고급 비누, 샤워젤, 샴푸, 립밤, 보디 로션 등 등 팔아요.
땅 팔아요.   비엥 누아 지역

레스토랑 운영하실 분
핵심지역. 월 80만 원

중고 냉장고 팝니다   50만 원

집에서 만든 신선한 치즈
아트 인 차이에서 사 가세요.

작업공간 구함
빠이 시내. 전기 들어오면 좋고 안 들어와도 됩니다.
집에서 만든 이탈리아 빵
돌로 된 오븐에서 구운 맛있는 빵.
화요일과 금요일 아침.

헌책과 DVD 팝니다
1,000원부터 시작됩니다.

코스믹 가든
천연 오일로 만든 모기 퇴치제와 향수.

입 끝을 올리는 게 목청을 올리는 것보다 스스로에게 더 유익할 거예요. 다른 사람에게 당신의 발바닥을 보여주거나 발로 어딘가를 가리키지 마세요. 다른 사람 위로 지나가는 건 예의가 아니죠. 가령 다른 사람이 다리를 길게 뻗고 있으면 위를 건너가는 것보단 둘러서 가는 게 예의랍니다.

연장자를 존중하고 비키니나 살이 지나치게 드러나는 옷은 삼가해주세요. 특히 시내에서 웃통을 벗고 다니는 건 꼴불견이에요. 태국의 왕과 가족에 대한 예를 다해주시길. 기억하세요, 왕을 존중하는 것은 예의가 아니라 법이랍니다.

빠이에서 지내는 동안 유용한 팁들

♥ 아트 인 차이로 빈 플라스틱병을 갖고 오면 리터당 100원에 신선한 물을 채워갈 수 있어요.
♥ 자연보호를 위해 플라스틱, 유리병, 종이 등등을 분리해서 버려주세요. 모두 재활용된답니다.
♥ 뎅기열을 옮기는 모기는 낮에 물어요. 천연모기퇴치제를 구하신다면 바리스타, 슬립 올론.
♥ 오토바이가 처음이라면 빠이 바이크 스쿨로 오세요. 환상적인 풍경을 따라가는 투어도 가능.
♥ 운전은 천천히, 음주운전은 금물, 헬멧은 필수! 헬멧 없이 타면 즉석에서 벌금 7,000원!
♥ 닥터 슈 서비스에선 배낭, 벨트, 신발 등등 여행자들의 물건을 현

지가격으로 수리합니다.
- ♥ 응급의료가 필요할 땐 1669, 여행자를 위한 경찰은 1155, 빠이 병원은 053 699 211
- ♥ 아플 땐 타나왓 클리닉의 닥터 아담에게 0815 312 927, 이가 아플 땐 0896 356 161
- ♥ 여권/비자 문제는 053 277 510, 항공티켓을 사려면 053 699 435

빠이 낭만 숙소

25

태국의 산골마을 빠이의 숙소들은
여행자들이 몰려드는 정도에 따라
크게 네 개의 시기로 나뉩니다.

3월~9월 사이의 비수기, 로우 시즌
10월~11월, 2월의 성수기, 하이 시즌
12월~1월 사이의 최성수기, 피크 시즌
크리스마스와 연말연시엔 부르는 게 값이죠.

워킹 스트리트의 아름다운 가게들과 분위기를
누리려면 10월 무렵부터 방문하는 게 좋답니다.
시장이 열리고 황금빛으로 물든 들판의 풍경도
도심에서 살짝만 벗어나면 어디서나 볼 수 있죠.

물론 성수기에 방문하려면 예약이 필수겠죠?
정말 피크 시즌엔 몰려드는 여행자들로
방을 구하기가 힘들 정도가 된답니다.

일주일 혹은 그 이상 머물 예정이라면
다운타운의 숙소에 하루만 예약을 한 뒤
도착 후 오토바이를 타고 빠이 곳곳을 달리며
맘에 드는 숙소를 직접 찾는 것도 좋은 방법,

잠깐의 휴가를 내어 며칠만 묵을 거라면
우선 한 장소에서 이틀 정도를 경험한 후
좀 더 비싼 가격대의 숙소로 옮기는 것도
짧은 여행을 새롭게 만드는 놀이랍니다.

한 달 이상 장기체류를 하고 싶다면
인터넷 검색을 통해서 숙소를 알아본 뒤
주인장에게 미리 메일을 한번 보내보세요.
생각지 못한 비용으로 체류할 수도 있답니다.

낯 선 집의 침대에 누워 잠이 들고, 눈을 뜰 때만큼
우리가 여행자라는 것을 알려주는 순간이 있을까요?
어쩌면 낯 선 곳의 나에게 찾아오는 어떤 꿈이야말로
길을 떠난 이유이자 여행의 핵심인지도 모르겠습니다.

빠이엔 이백 개가 넘는 숙소들이 다운타운에서
빠이를 둘러싼 산중턱까지 골고루 퍼져 있답니다.
더 많은 장소들을 사람들에게 소개하고 싶지만!
꼭 알려드리고 싶은 숙소들만 고르고 골라서
스물 다섯 잠자리를 당신에게 추천합니다.

유토빠이에서 좋은 꿈꾸길!

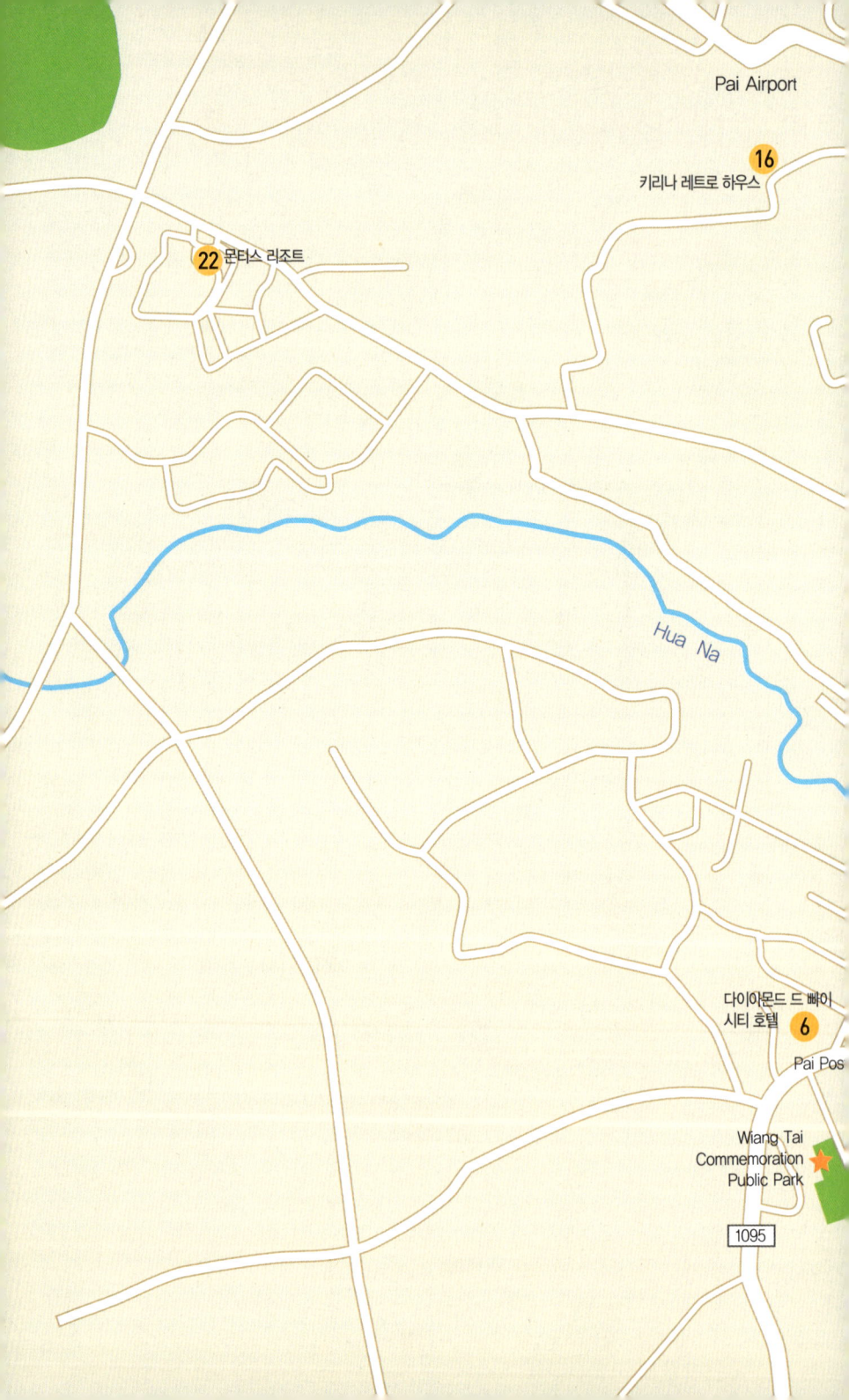

1. 레인보우 하우스 Rainbow House

최저 비용으로 빠이의 숙소에서 누릴 수 있는 것들을 다 누리고 싶다면, 이 숙소를 추천한다. 워킹스트리트에서 도보 10분 거리에 있는 이 숙소는 가난한 배낭여행자들을 위한 최고의 안식처다. 공동 샤워실에, 선풍기로 더위를 식혀야 하지만 빠이에 대해 궁금한 것들을 물어보면 유쾌하게 설명해주는 오픈 마인드의 주인장과 친절한 직원들은 전 세계를 떠도는 가난한 여행자들을 블랙홀처럼 빨아들인다.

숙박료   비수기 7천 원/성수기 2.8만 원(할인 예약 사이트 이용시 2인 기준)
주 소   101 Moo.1, T.Maeyen, Mae Yen/Mae Hee, Pai, Thailand 58130
연락처   +66 81 289 8409

2. 반 남후 방갈로 Ban Nam Hoo Bungalows

스쿠터나 오토바이를 운전할 수 있는 여행자에게 추천하는 숙소. 워킹스트리트에서 3.4킬로미터, 차이나타운이 자리잡은 산으로 올라가는 중턱에 있다. 도보로는 다소 버거운 거리지만 일단 이 방갈로에 빈 방이 남아 있다면 당신은 행운아. 아름다운 산과 들판 풍경을 볼 수 있는 원두막, 빠이 특유의 향취를 느낄 수 있는 방과 테라스의 해먹, 초록빛 정원이 있는 이곳은 저렴한 가격으로 빠이를 만끽할 수 있는 최고의 숙소 중 하나다.

숙박료   1.5만 원/성수기 3만 원(할인 예약 사이트 이용시 2인 기준)
주 소   24 Moo 5, Wiangtai, Pai, Maehongson 58130 Thailand
연락처   +66 53 698 172 http://www.bannamhoo.com

3. 오르 우 빠이 게스트하우스 Oor U Pai Guest House

버스터미널에서 도보 5분 거리, 왓 루앙(루앙 템플) 맞은 편에 자리 잡은 2층 콘크리트 건물로 된 게스트하우스. 파라솔이 있는 아담한 정원과 18개의 객실로 이루어져 있다. 방갈로 형태가 아니라 빠이의 향취를 많이 느낄 순 없지만 깔끔한 모텔 스타일의 숙소를 선호하는 사람에게 알맞다. 대부분의 객실에 에어컨, 발코니, 세면도구, 샤워실이 갖춰져 있고, 방갈로에서 흔히 마주칠 수 있는 곤충을 싫어하는 사람들이 선호하는 곳이다.

숙박료   비수기 1.5만 원/성수기 6만 원(할인 예약 사이트 이용시 2인 기준)
주 소   77 Moo.1, T.Wiang Tai, A.Pai, Pai City Center, Pai, Thailand 58130
연락처   +66 83 9542426 http://www.oor-u-pai.com

4. 오도우르 빠이 Odour Pai

빠이 버스터미널에서 북서쪽으로 스쿠터나 오토바이를 타고 10분 내 닿는 산중턱의 숙소. 많은 여행자들이 중심가에서 3.5킬로미터, 언덕을 올라야 하는 길인데도 이곳을 찾는 이유는 이곳만이 간직한 아름다운 전망과 황홀한 일몰 감상 때문이다. 빠이를 둘러싼 산들 뿐 아니라 도심이 내려다보인다. 객실 수는 총 10개로 각각 전원주택 스타일. 스쿠터도 타지 못한다면 친절한 주인장에게 부탁하라, 흔쾌히 데려다 줄 것이다.

숙박료   비수기 1.5만 원/성수기 5만 원(할인 예약 사이트 이용시 2인 기준)
주 소   132 Moo.2, T. Viang Nua, Wiang Nuea, Pai, Thailand 53180
연락처   +66 89 817 3107

5. 반 빠이 나이 위엥 Baan Pai Nai Wieng

다운타운 한 가운데서 묵고 싶어하는 여행자에게 추천하는 숙소. 여행자들이 빠이에 첫 발을 내리는 버스터미널에서 도보 5분 거리, 워킹스트리트의 올 어바웃 커피 맞은 편이다. 위치 상 전원풍경을 느낄 수 있는 숙소는 아니지만 조용한 곳이다. 게다가 가격 대비 상당히 깔끔한 숙소로 직원들도 친절하고 아침식사도 맛있다. 저렴한 숙소들이 대체적으로 창문이 작아서 빛이 잘 안 들어오는 편인데 창이 넓어서 환한 게 장점이다.

숙박료   비수기 2만 원/성수기 7만 원(할인 예약 사이트 이용시 2인 기준)
주 소   51/1 Moo 1 Wiengtai, Pai City Center, Pai, Thailand 58130
연락처   +66 53 699 084

6. 다이아몬드 드 빠이 시티 호텔 Diamond De Pai City Hotel

빠이 버스터미널에서 1095번 국도를 따라 왔던 길을 되돌아 도보 10분 거리에 위치한 현대식 호텔. 빠이에서 보기 드문 3층짜리 콘크리트 건물로 객실이 많은 숙박업소에 속한다. 한국에서 종종 마주칠 수 있는 현대식의 대형 모텔을 연상하면 된다. 넓은 주차장 덕분에 단체 여행객이나 출장 온 비즈니스맨들이 선호하는 편이며, 가장 큰 장점은 흙, 나무, 숲, 곤충 같은 동식물과 최대한 격리되어 있어 청결하다는 점.

숙박료   비수기 2만 원/성수기 7만 원(할인 예약 사이트 이용시 2인 기준)
주 소   143 moo 8 WeingTai Pai Maehongson Thailand 58130
연락처   +66 53 699 274   홈페이지: www.diamonddepai.com

7. 쿠앗 콘 토 빠이 코티지 Kuad Khon Thoe Pai Cottage

비슷한 가격대라면 다운타운에서 벗어날수록 가격 대비 훌륭한 숙소에서 묵을 수 있다. 워킹스트리트에서 남쪽으로 7킬로미터, 중심가에서 다소 벗어나 있다. 그러나 이 정도 가격에 LCD TV, 커피 메이커, 헤어 드라이기, 야외 수영장까지 딸린 3성급 숙소에서 묵을 수 있다는 것을 감안하면 오토바이로 10분 정도는 충분히 달려볼 만하다. 전 객실 1층으로 방수는 10개로 많지 않지만 조용하면서 특히 전망이 좋아 많은 여행자들이 찾는 곳이다.

숙박료   비수기 2.5만 원/성수기 6만 원(할인 예약 사이트 이용시 2인 기준)
주 소   99 M. 10 Tumbol Tungyao, Pai District, Mae Hong Son 58130
연락처   +66 53 065 526

8. 반 달라 리조트 Ban Dalah Resort

반 남후 방갈로와 함께 중심가에서 서쪽으로 3킬로미터 떨어진 산중턱 왓 남후(남후 템플) 앞에 있는 리조트. 총 10개의 객실이 있으며 초록빛 공간으로 둘러싸인 실외 수영장과 통유리의 창 너머 발코니로 쏟아지는 초록빛 풍경은 중심가에서 제법 떨어진 거리에도 불구하고 많은 여행자들이 이곳을 선택하도록 만든다. 3성급 호텔 리조트임에도 높지 않은 가격. 만약 당신이 스쿠터를 탈 줄 알고, 리조트에 빈 객실이 남아있다면 당신은 행운아다.

숙박료   비수기 2.5만 원/성수기 6.5만 원(할인 예약 사이트 이용시 2인 기준)
주 소   404 Baannamhoo, Wiang Tai, Pai, Thailand 58130
연락처   +66 53 064 380 http://www.dalahpai.com

9. 빠이 완 리조트 Pai Pai Waan Resort

워킹스트리트에서 남쪽으로 2킬로미터, 도보로 2~30분 걸리는 숙소. 1095 주도로에서 가까이 붙어있지만 시끄럽지는 않다. 숙소 찾기가 쉽다. 목조 집도 핑크, 주차된 차도 핑크빛이라 한눈에 들어온다. 객실 침대와 베개 등등 편의용품들은 분홍색 키티 캐릭터. 총 12개의 객실이 있는 캐릭터 펜션 같은 분위기. 어린아이나 키티 캐릭터를 좋아하는 사람들이 좋아할 만한 곳. 유럽 여행자들보다는 아시아 여행자들이 선호하는 편이다.

숙박료   비수기 2.5만 원/성수기 7만 원(할인 예약 사이트 이용시 2인 기준)
주 소   374 Moo.8 T.Wiang Tai, A.Pai, Wiang Tai, Pai, Thailand 58130
연락처   +093 3141737, 091 6261799 http://www.paiwaan.com

10. 실바나 빠이 호텔 The Sylvana Pai Hotel

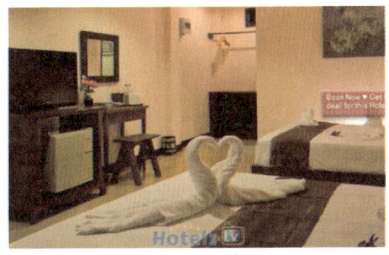

빠이 중심가에 자리 잡은, 아름다운 정원 속의 깨끗한 호텔. 아야 서비스 바로 뒤편, 왓 클롱(클롱 템플)과 빠이 강 사이에 있다. 워킹스트리트와 인접한 곳으로 마운틴 뷰와 일몰을 감상할 순 없지만 초록빛 정원과 여유로운 정자 등 빠이의 정취를 느끼기에 더할 나위 없는 숙소다. 한번 이곳에 발을 들인 여행자는 숙박을 연장하고 싶은 욕구에 시달리게 된다. 밤 늦게까지 에디블 재즈바의 라이브 음악이 들리지만, 자정 전엔 마치니 안심하시길.

숙박료　비수기 2.5만 원/성수기 6.5만 원(할인 예약 사이트 이용시 2인 기준)
주　소　96 Moo3 Chaisongkram Rd. T. Vieng Tai, PAI, Thailand 58130
연락처　+66 89 192 6087　http://www.thesylvanapai.com

11. 빠이 이야라 리조트 Pai Iyara Resort

빠이 중심가에서 남쪽으로 4킬로미터 떨어진 수영장이 딸린 리조트. 빌라형(콘크리트 소규모 전원주택) 객실로 이루어져 있으며, 각각 독립된 별채로 되어있다. 통유리창으로 들어오는 전망과 밤하늘이 아름답고, 테라스 안락의자에 누워 여유로운 시간을 보낼 수 있다. 무엇보다 넓은 객실이 장점. 오토바이로 10분이면 워킹스트리트를 오갈 수 있고, 주인장에게 부탁하면 언제든지 무료로 데려다 주고, 10시까지 픽업해 준다.

숙박료　비수기 2.5만 원/성수기 9만 원(할인 예약 사이트 이용시 2인 기준)
주　소　129 Moo 1 Tambol Toong Yao, Amphur Pai Maehongson Thailand 58130
연락처　+66 53 065 517　http://www.paiiyararesort.com

12. 마리 빠이 리조트 Mari Pai Resort

빠이 중심가에서 남쪽으로 2킬로미터, 1095 도로에서 살짝 벗어난 곳에 위치. 도보로 2~30분, 스쿠터로는 5분도 걸리지 않는 어중간한 거리. 여행자들이 이곳을 찾는 이유는 아름다운 전망과 더불어 독특한 스타일의 객실 때문. 캠핑 트레일러형 객실부터 하얀 천막으로 지붕을 덮은 빌라, 태국 전통식 이엉을 덮은 빌라 등등 다채로운 객실들 덕분에 사진 촬영하기에 좋다. 단점은 여행자들 평가가 오르락 내리락 평균이 없다는 것.

숙박료　비수기 3만 원/성수기 8만 원(할인 예약 사이트 이용시 2인 기준)
주　소　97 Moo 11, Thung Yao, Pai, Thailand 58130
연락처　+66 84 042 4932

13. 빠이 비만 리조트 Pai Vimaan Resort

빠이 중심가에 자리 잡은 쾌적하고 전망 좋은 리조트. 워킹스트리트와 가깝지만 빠이 강변에 붙어 있어서, 교통의 편리함과 아름다운 자연풍경을 동시에 누릴 수 있는 숙소다. 짧은 시간 머물면서 워킹스트리트의 분위기를 즐기고 싶은 여행자에게 최적의 공간 중 하나다. 아래층 보다는 위층이 전망을 감상에 좋고, 비교적 넓은 객실이라 친구들이 함께 어울려 지내기에 좋다. 단점은 리조트지만 수영장이 없다는 것과 주변 라이브 바의 소음 정도다.

숙박료 비수기 3만 원/성수기 9만 원(할인 예약 사이트 이용시 2인 기준)
주 소 73 Moo 3 Tedsaban1 Rd., Viengtai, Pai City Center, Pai, Thailand 58130
연락처 +66 53 699 403 http://www.paivimaan.com

14. 빠이 빌리지 부티크 앤 팜 Pai Village Boutique Resort & Farm

빠이 중심가에 위치한 숙소로 워킹 스트리트의 분위기를 만끽하기에 좋은 위치에 있다. 이름 그대로 부티크한 리조트. 태국 전통 양식의 방갈로와 실내가구로 인테리어가 아름답다. 친절한 직원과 아담한 정원, 아침식사가 맛있어서 빠이에 온 여행자들로부터 가격 대비 높은 평점을 받는 곳이다. 리조트 내 카페 겸 레스토랑에서 저녁마다 라이브 공연도 즐길 수 있다. 단점은 대부분 전통식 방갈로와 마찬가지로 때론 곤충들과 친해져야 한다는 것.

숙박료 비수기 3.5만 원/성수기 8.5만 원(할인 예약 사이트 이용시 2인 기준)
주 소 88 Moo 3, Vieng Tai, Pai Maehongson, 58130
연락처 +66 53 698 152 http://www.paivillage.com/index.html

15. 탄젯톤 빠이 리조트

워킹 스트리트에서 6킬로미터, 스쿠터나 오토바이로 15분 소요되는 거리를 감수할 수 있다면, 이곳을 추천한다. 왓 탄젯톤(탄젯톤 템플) 인근에 조성된 이 리조트는 중심가에서 벗어나 있지만 한번 이곳에서 묵은 여행자들은 다시 이곳에 오고 싶다고 이구동성으로 외친다. 아름다운 자연풍경과 목조빌라의 편안함과 쾌적함을 느낄 수 있다. 시내를 오가는 교통편은 리조트에서 무료로 제공해준다. 가격 대비 가장 높은 평점을 받는 숙소 중 하나.

숙박료 비수기 3.5만 원/성수기 8.5만 원(할인 예약 사이트 이용시 2인 기준)
주 소 101 Moo 3 Wiang Nua, Mae Na Toeng / Na Jalong, Pai, Thailand 58130

16. 키리나 레트로 하우스 Kirina Retro House

빠이 중심가에서 1킬로미터 정도 떨어진 위치에 있는, 동화 속 숙소. 워킹스트리트와 비교적 가깝지만 자연을 접할 수 있는 공간에 자리 잡고 있어 심신을 달래기에도 좋은 곳이다. 실내 인테리어뿐 아니라 실외 공간의 대부분이 키리나 레트로 하우스의 특유의 캐릭터와 동화 그림으로 채워져 있다. 중심가를 오가는 픽업서비스를 제공하며, 특히 어린아이를 동반한 가족들이 묵는다면 가장 선호할만한 장소다.

숙박료 비수기 4만 원/성수기 10만 원(패밀리룸은 비수기 13만 원/성수기 30만 원)
주 소   148 Moo 6, Vieng Tai, Pai, Mae Hong Son 58130
연락처 +66 53 699 418   http://kirinaretrohouse.com

17. 메디오 드 빠이 호텔 Medio de Pai Hotel

워킹스트리트의 아야 서비스에서 남쪽으로 도보 5분 정도 직진하면 닿는 호텔로서 신생 호텔이라 깨끗한 게 장점. 최근에 지어진 만큼 입소문을 기대하며 친절한 서비스가 제공되는 곳이다. 19개의 객실, 무료 자전거, 수영장, 헬스장 등이 갖춰져 있다. 워킹스트리트에서 멀지는 않지만 무료 왕복 서비스를 제공하고, 비수기에도 수영장을 관리할 만큼 청결하다. 실내조명이 조금 어둡다는 단점이 있지만, 자기 전 독서가 취미가 아니라면 만족할만한 호텔.

숙박료 비수기 3.5만 원/성수기 10만 원
주 소   227 Moo 4, Wiang Tai, A.Pai, Pai City Center, Pai, Thailand 58130
연락처 +66 53 699 998

18. 패밀리 하우스@빠이 Family House @ Pai

아야 서비스 뒤편 빠이 강을 건너는 나무다리 앞에 위치한 이 숙소는 야자수 아래 미니멀한 디자인으로 지어진 숙소, 그리고 강변과 어우러진 분위기가 가장 큰 특색이다. 워킹 스트리트의 분위기를 만끽하고, 자연 속에서 여유를 누리기에 아주 좋다. 에어컨, LCD TV, 실외 수영장을 비롯 호텔에서 제공하는 기본적인 편의시설을 이용할 수 있다. 9개의 객실, 각각의 방도 넉넉한 편이고, 직원들도 친절하다. 단점은 강변이라 다소 습하다는 것.

숙박료 비수기 3.5만 원/성수기 12만 원
주 소   55 Moo 3, Tambon Vieng Tai, Amphur Pai, Maehongson, Thailand 58130
연락처 +66 53 064337   http://www.familyhousepai.com

19. 푸라 비다 빠이 리조트 Pura Vida Pai Resort

빠이 중심가에서 5킬로미터, 오토바이로 10여분 걸리는 푸라 비다 빠이 리조트. 다소 먼 거리지만 이곳을 추천하는 이유는 리조트 이름이 의미하는 바를 설명하면 된다. 코스타리카어로 "How are you?"에 대한 응답 중 하나로 "더할 나위 없이, 완벽하다!" 2014년 전세계 여행정보사이트 트립어드바이즈에서 여행자들이 꼽은 최고의 숙박업소 중 하나로 선정되기도 했을 정도니 부연 설명이 필요 없을 듯.

숙박료 비수기 3.5만 원/성수기 13만 원
주 소 65 Moo 3, Tambon Viengnuor, Amphur Pai, Mae Hong Son 58130, Thailand
연락처 +66(0)89 635 7556   http://www.puravidapai.com

20. 호텔 데스 아티스트 로즈 오브 빠이 Hotel des Artists Rose of Pai

빠이 중심가에 자리 잡은 고풍스러운 분위기의 4성급 호텔. 14개의 객실이 마련되어 있고, 각 객실이 넓어서 아이를 동반한 가족이나 연인들이 워킹 스트리트의 분위기를 즐기고, 휴식을 취하기에 딱 좋은 곳이다. 실내외 디자이너의 색채 감각과 테이블과 의자, 전등갓, 소파 등등 고풍스런 가구들의 배치와 안목이 예사롭지 않다. 빠이 강변에 자리 잡고 있어서 자연풍경을 여유롭게 즐기기에도 좋다. 단점은, 수영장이 없다는 정도.

숙박료 비수기 6.5만 원/성수기 15만 원
주 소 99 Moo 3 Chaisongkhram Rd, Wiang Tai, Pai, Mae Hong Son, 58130 Thailand
연락처 +66 (0)53 699 539   http://www.hotelartists.com/pai

21. 더 오이아 빠이 리조트 & 스파 The Oia Pai Resort & Spa

빠이강 건너편 객실 수만 총49개에 달하는 고급 리조트. 단순한 숙박업소가 아니라 건물 외부, 로비, 복도, 객실 인테리어 등등 곳곳에 예술적 감각이 묻어나는 곳이다. 2012년에 완공된 4성급 최신 리조트로서 모든 설비들이 새 제품들로 갖춰져 있다. 워킹 스트리트에서 도보 10분 거리지만 무료 왕복 서비스를 이용할 수 있다. 중심가에서 그다지 멀지 않은 위치임에도 객실이나 레스토랑에서 서쪽으로 지는 황홀한 일몰을 감상할 수 있다.

숙박료 비수기 8만 원/성수기 22만 원
주 소 254 moo, 1 Ban Maeyan Tambon Pai Mae Hong Son Thailand 58130

22. 몬티스 리조트 Kirina Retro House

빠이 중심가를 지나다니면 가장 눈에 띄는 건축물. 밖에서 보면 아트 박물관처럼 보일 정도로 규모가 크면서 예술 감각이 뛰어난 건축물과 조경으로 조성되어 있다. 총 48개의 객실, 차지하는 면적에 있어서 빠이 최대 규모. 대형 미팅룸과 스위트룸, 수영장 등이 갖춰진 4성급 호텔. 객실 넓이도 타 리조트와 비교할 수 없을 정도로 넓지만 빌딩형 호텔이 아니라 아프리카풍의 예술적 감각이 물씬 배어있는 곳이다. 워킹 스트리트에서 1.5킬로미터.

숙박료 비수기 8.5만 원/성수기 25만 원(스위트룸은 40만 원대)
주 소 358 Moo 5, Viengtai , Wiang Tai, Pai, Thailand 58130
연락처 +66 53 064 456, + 66 52 080 098-9   http://montisresort.com

23. 레브리 시암 리조트 Reverie Siam Resort

빠이 중심가에서 남동쪽으로 1킬로미터 정도에 위치. 빠이 강을 향한 객실과 마운틴 뷰의 객실, 독채 빌라 등 다양한 객실을 제공한다. 고급스럽고 세심한 인테리어, 아늑하고 쾌적한 분위기, 천연 수영장과 인공 수영장 등 다양한 편의시설이 갖춰진 리조트. 도심을 오가는 무료 왕복서비스는 기본. 가격을 고려하지 않고 빠이에서 가장 매력적인 숙소를 고르라면 레브리 시암 리조트를 꼽는 사람들도 많다.

숙박료 비수기 9만 원/성수기 25만 원(할인 예약 사이트 이용시 2인 기준)
주 소 476 Moo.8 Vieng Tai, Pai, Thailand 58130
연락처 +66 53 699 870   http://www.reveriesiam.com

24. 빠이 아일랜드 리조트 Pai Island Resort

빠이 중심가에서 북서쪽으로 1킬로미터 정도 위치. 각각의 빌라들이 독채로 되어 있어 연인들이 로맨틱한 분위기에 빠지기 좋은 장소라고 할 수 있다. 무엇보다 자연친화적이면서 두 사람을 위한 실내외 공간 구성이 인상적. 실내 화장실 외 객실별 실외 욕조를 마련해서 로맨틱한 무드에 잠기기에 좋다. 아침 식사는 뷔페식이 아니라 주문식. 둘만의 아침식사와 아늑한 정원이 있는 곳. 무료 왕복서비스 제공.

숙박료 비수기 10만 원/성수기 25만 원(할인 예약 사이트 이용시 2인 기준)
주 소 333 Mu 1, Tambon Vieng-Tai, Amphoe Pai, Mae Hong Son 58130 Thailand
연락처 +66 53 699 699   http://paiislandresort.com

25. 푸리 빠이 빌라 Puri pai Villa

빠이 중심가에서 북쪽으로 5킬로미터 정도 거리에 있는 최고급 빌라형 리조트. 워킹스트리에서 멀다는 단점을 상쇄하고도 남을 황홀한 자연 경관과 쾌적함을 자랑한다. 아름다운 건물외경과 인도차이나풍의 모던한 실내장식 그리고 맛있는 아침식사 등등 자랑할 수 있는 것들이 많지만 무엇보다 이곳에서 묵는 여행자들이, 어메이징! 이라고 찬탄하는 대목은, 테라스에서 아침·저녁으로 바라보는 일출과 일몰이다.

숙박료 비수기 13만 원/성수기 33만 원
주 소 130 Moo,1 T.MEA NA THEUNG A.PAI MAE HONG SON THAILAND 58130
연락처 +66 53 065 175 http://puripaivilla.com

※ 위 숙박료는 대략적인 가격대를 가늠하기 위한 정보로만 참고하고, 시즌별 가격 차이가 크므로 아고다, 익스피디어 등 호텔예약 및 할인사이트를 통해서 다시 알아보길 바랍니다.

드디어 빠이로 출발

1. ① 한국에서 치앙마이로 가는 비행기를 탄다.
   ② 방콕행 비행기를 탄다. 도착 후 방콕에서 치앙마이행 기차로 갈아탄다.

2. ① 공항에서 치앙마이 기차역 앞 아야서비스로 이동, 빠이행 미니버스(6천원)를 탄다.
   ② 치앙마이 버스터미널로 이동, 빠이행 에어컨버스나 미니버스(5천원), 로컬버스(3천원)를 탄다.
   ③ 치앙마이 숙소에서 빠이행 티켓(7천원)을 구입한다. 여행사가 다음날 정해진 시각에 숙소로 와서 아야서비스로 데려다 준다. 빠이로 가는 다른 여행자들과 다 함께 출발.

※ 치앙마이에서 어떤 교통수단을 이용하던 3시간 정도면 빠이에 도착한다. 교통편은 대체적으로 저렴(3~7천원)하며 가격 차이가 크지 않으므로 각자 스케줄에 따라 이용하면 된다.